Entzündungshemmende Ernährung und Basische Ernährung

Das große 2-in-1 Kochbuch mit einfachen und gesunden Rezepten zur Linderung von Entzündungen und für einen ausgeglichenen Säure-Basen-Haushalt.

Inhalt

Entzündungshemmende Ernährung

Vorwort

Liebe Leserin, lieber Leser,

in einer Zeit, in der die Zahl der chronischen Krankheiten stetig zunimmt, ist es wichtiger denn je, dass wir uns mit unserer Ernährung auseinandersetzen und uns bewusst für einen gesunden Lebensstil entscheiden. Die entzündungshemmende Ernährung ist ein Schritt in diese Richtung, und ich bin davon überzeugt, dass sie das Potenzial hat, einen positiven Einfluss auf das Leben vieler Menschen zu haben.

Dieses Buch soll dir als praktischer Leitfaden dienen und dir wertvolle Informationen liefern, um deinen Alltag mit entzündungshemmenden Lebensmitteln zu bereichern. Gemeinsam werden wir die Grundlagen dieser Ernährungsweise erkunden. Dabei wirst du lernen, wie du durch eine gezielte Lebensmittelauswahl Entzündungen im Körper reduzieren, deine Gesundheit fördern und dein Wohlbefinden steigern kannst.

Ich freue mich, dir mitteilen zu können, dass dieses Buch auch eine Vielzahl von schmackhaften und gesunden Rezepten enthält. Sie sollen dir den Einstieg in die entzündungshemmende Ernährung erleichtern und dir dabei helfen, abwechslungsreiche und nährstoffreiche Mahlzeiten zuzubereiten.

Ich lade dich ein, dich auf diesen spannenden Weg einzulassen, dich inspirieren zu lassen und neugierig zu bleiben. Schenke deinem Körper die Aufmerksamkeit und Fürsorge, die er verdient, und entdecke die wunderbare Welt der entzündungshemmenden Ernährung.

Viel Spaß beim Lesen und beim Ausprobieren der Rezepte!

Herzliche Grüße,

Deine Marie Neumann

Entzündungen verstehen

Was sind Entzündungen?

Du hast sicherlich schon einmal von Entzündungen gehört – sei es durch deine eigenen Erfahrungen oder die von Freunden und Familie. Aber was genau sind Entzündungen eigentlich? Lass uns gemeinsam dieses spannende Geheimnis lüften!

Entzündungen sind in der Tat ein faszinierendes Phänomen: Sie sind nämlich sowohl Freund als auch Feind. Im Grunde genommen handelt es sich bei Entzündungen um eine natürliche Reaktion deines Immunsystems auf Verletzungen, Infektionen oder andere schädliche Reize. So weit, so gut. Aber wo liegt das Problem?

Nun, es ist wie bei allem im Leben: Ein Zuviel kann schädlich sein. Wenn Entzündungen außer Kontrolle geraten, können sie chronisch werden und langfristige gesundheitliche Probleme verursachen. Doch dazu später mehr.

Stell dir Entzündungen als eine Art Schutzschild vor, das deinen Körper umgibt. Es hilft dir dabei, Schadstoffe abzuwehren und Verletzungen oder Infektionen zu heilen. Aber manchmal – und das ist das Tückische – „vergisst" das Schutzschild, dass es eigentlich eine gute Sache ist, und richtet sich stattdessen gegen deinen eigenen Körper. Das führt dann zu einer Entzündungsreaktion, die mehr schadet als nutzt.

Entzündungen sind also ein zweischneidiges Schwert: Einerseits sind sie notwendig für die Heilung und den Schutz des Körpers, andererseits können sie großen Schaden anrichten, wenn sie nicht im Zaum gehalten werden. Im weiteren Verlauf werden wir uns genauer damit befassen, wie Entzündungen funktionieren, welche unterschiedlichen Arten es gibt und wie sie sich auf unseren Körper auswirken.

Akute vs. chronische Entzündungen

Jetzt, da wir gemeinsam geklärt haben, was Entzündungen sind, möchte ich dir die verschiedenen Arten von Entzündungen vorstellen. Es gibt nämlich zwei Haupttypen: akute und chronische Entzündungen. Beide sind wichtig zu verstehen, denn sie wirken sich unterschiedlich auf deinen Körper aus.

Beginnen wir mit den akuten Entzündungen. Stell dir vor, du schneidest dir beim Kochen in den Finger. Autsch! Dein Körper reagiert sofort und setzt eine Entzündungsreaktion in Gang, um den Heilungsprozess einzuleiten. Rötung, Schwellung, Wärme und Schmerz sind typische Anzeichen einer akuten Entzündung. Diese Symptome treten auf, weil dein Immunsystem hart arbeitet, um die Wunde zu reparieren. Die gute Nachricht ist: Akute Entzündungen sind meist von kurzer Dauer – sie verschwinden, sobald die Wunde verheilt ist.

Chronische Entzündungen hingegen sind eine ganz andere Geschichte. Sie entstehen, wenn der Entzündungsprozess über längere Zeit anhält, und können sogar ohne offensichtliche Ursache auftreten. Denk an eine still brennende Flamme, die ständig im Hintergrund lodert. Chronische Entzündungen können ernsthafte gesundheitliche Probleme verursachen und sind oft mit chronischen Krankheiten wie Diabetes, Herzerkrankungen und sogar Krebs verbunden.

Was unterscheidet also akute von chronischen Entzündungen? Hier sind die Hauptunterschiede:

- **Dauer:** Akute Entzündungen sind kurzfristig, während chronische Entzündungen über Monate oder sogar Jahre anhalten können.
- **Ursache:** Akute Entzündungen entstehen durch Verletzungen oder Infektionen; chronische Entzündungen können durch anhaltende Reize oder sogar ohne erkennbare Ursache auftreten.
- **Symptome:** Bei akuten Entzündungen sind die Symptome meist offensichtlich (Rötung, Schwellung, Schmerz); bei chronischen Entzündungen können die Symptome subtiler und weniger sichtbar sein.

Um es auf den Punkt zu bringen: Es ist wichtig, den Unterschied zwischen akuten und chronischen Entzündungen zu kennen, um besser zu verstehen, wie sie unseren Körper beeinflussen. Akute Entzündungen sind meist harmlos und sogar nützlich, während chronische Entzündungen potenziell gefährlich sind und sorgfältig behandelt werden müssen.

Ursachen von Entzündungen

Nachdem wir nun akute und chronische Entzündungen voneinander abgegrenzt haben, möchte ich dir die unterschiedlichen Ursachen von Entzündungen näherbringen. Du wirst überrascht sein, wie vielfältig die Auslöser sein können – manche sind offensichtlich, andere hingegen eher versteckt.

Zunächst einmal können physische Verletzungen, wie Schnittwunden oder Prellungen, Entzündungen auslösen. Hierbei ist es völlig normal, dass sich eine akute Entzündung entwickelt, um den Heilungsprozess zu unterstützen. Solange diese Entzündung nicht chronisch wird, besteht kein Grund zur Sorge.

Infektionen, etwa durch Bakterien oder Viren, sind eine weitere mögliche Ursache für Entzündungen. Hierbei ist die Entzündung ein Zeichen dafür, dass dein Immunsystem gegen die Eindringlinge ankämpft. Auch in diesem Fall ist eine akute Entzündung normal und sogar erwünscht.

Doch es gibt auch subtilere Faktoren, die Entzündungen begünstigen können, besonders wenn es um chronische Entzündungen geht. Stress ist ein Beispiel dafür: Er kann das Immunsystem schwächen und Entzündungsreaktionen fördern. Daher ist es wichtig, Stressbewältigungsstrategien zu entwickeln, um ein gesundes Gleichgewicht zu wahren.

Auch Ernährung spielt eine Rolle bei der Entstehung von Entzündungen. Einige Lebensmittel, wie etwa stark verarbeitete Lebensmittel oder solche mit hohem Zucker- und Transfettgehalt, können Entzündungen fördern. Ich werde dir später zeigen, welche Lebensmittel entzündungshemmend wirken und welche vermieden werden sollten.

Des Weiteren können auch genetische Faktoren eine Rolle spielen. Manche Menschen sind anfälliger für Entzündungen als andere, aufgrund ihrer genetischen Veranlagung. Obwohl du deine Gene nicht ändern kannst, kannst du dennoch Schritte unternehmen, um dein Entzündungsrisiko zu minimieren – etwa durch einen gesunden Lebensstil und eine ausgewogene Ernährung.

Um es zusammenzufassen: Entzündungen können vielfältige Ursachen haben, von offensichtlichen wie Verletzungen und Infektionen bis hin zu subtileren wie Stress, Ernährung und Genetik. In den nächsten Kapiteln werden wir uns damit befassen, wie diese Faktoren unser Leben beeinflussen und wie wir sie kontrollieren können, um Entzündungen in Schach zu halten.

Auswirkungen von Entzündungen auf den Körper

Nun möchte ich dir die verschiedenen Auswirkungen von Entzündungen auf den menschlichen Körper erläutern. Dadurch wirst du ein besseres Verständnis dafür bekommen, warum es so wichtig ist, Entzündungen aktiv entgegenzuwirken.

Zunächst einmal solltest du wissen, dass nicht alle Entzündungen schädlich sind – wie bereits erwähnt, sind akute Entzündungen eine normale und notwendige Reaktion des Körpers auf Verletzungen oder Infektionen. Sie helfen dabei, den Heilungsprozess zu unterstützen und beschädigtes Gewebe zu reparieren.

Probleme treten jedoch auf, wenn Entzündungen chronisch werden oder ohne erkennbaren Grund auftreten. Diese Art von Entzündung kann schädlich sein und eine Vielzahl von negativen Auswirkungen auf den Körper haben. Lass uns gemeinsam einen Blick auf einige der häufigsten Folgen von chronischen Entzündungen werfen.

Erstens können chronische Entzündungen Schmerzen verursachen. Entzündete Bereiche können anschwellen, überempfindlich und schmerzhaft werden, was zu einer Beeinträchtigung der Lebensqualität führen kann. Wenn du unter chronischen Schmerzen leidest, könnte eine zugrunde liegende Entzündung der Auslöser sein.

Zweitens können chronische Entzündungen die Funktion unserer Organe beeinträchtigen. Wenn eine Entzündung in einem Organ auftritt und anhält, kann dies dessen Funktion stören und im schlimmsten Fall zu Organschäden führen. Dies ist ein weiterer Grund, warum es wichtig ist, Entzündungen frühzeitig zu erkennen und zu behandeln.

Drittens sind chronische Entzündungen mit einem erhöhten Risiko für Herz-Kreislauf-Erkrankungen verbunden. Entzündungen können die Bildung von Plaque in den Arterien fördern, was zu einer Verengung und Verhärtung der Blutgefäße führen kann. Dies erhöht das Risiko für Herzinfarkt, Schlaganfall und andere Herz-Kreislauf-Erkrankungen.

Viertens können chronische Entzündungen das Risiko für bestimmte Krebsarten erhöhen. Forschungen haben gezeigt, dass Entzündungen die Entstehung und das Wachstum von Krebszellen fördern können. Daher ist es wichtig, Entzündungen im Körper zu minimieren, um das Krebsrisiko zu reduzieren.

Fünftens können chronische Entzündungen zu Autoimmunerkrankungen führen. Bei diesen Erkrankungen greift das Immunsystem fälschlicherweise gesundes Gewebe an, was zu Entzündungen und Schäden führen kann. Beispiele für Autoimmunerkrankungen sind rheumatoide Arthritis, Lupus und Multiple Sklerose.

Diese Liste ist bei weitem nicht vollständig, aber sie zeigt deutlich, wie wichtig es ist, chronische Entzündungen in Schach zu halten. Im Laufe dieses Buches werden wir uns mit verschiedenen Strategien und Ernährungsansätzen befassen, um Entzündungen effektiv zu reduzieren und somit die oben genannten Risiken zu minimieren.

Auch wenn es auf den ersten Blick vielleicht entmutigend erscheint, all diese möglichen negativen Auswirkungen von Entzündungen zu betrachten, möchte ich dich dazu ermutigen, positiv und lösungsorientiert zu denken. Denn genau das ist der Grund, warum wir uns diesem Thema widmen: um Wege zu finden, wie du dein Leben verbessern und gesünder gestalten kannst, indem du Entzündungen reduzierst und ihnen entgegenwirkst.

Entzündungshemmende Ernährung im Überblick

Was ist eine entzündungshemmende Ernährung?

Es ist an der Zeit, tiefer in die Welt der entzündungshemmenden Ernährung einzutauchen. Eine entzündungshemmende Ernährung ist eine Lebensweise, bei der du gezielt Lebensmittel wählst, die Entzündungen in deinem Körper reduzieren und verhindern. Sie hat zum Ziel, dein Immunsystem zu unterstützen und deine Gesundheit insgesamt zu fördern. Aber bevor wir zu den Details kommen, lass mich dir einen kurzen Überblick geben, was eine solche Ernährungsweise ausmacht.

Eine entzündungshemmende Ernährung basiert hauptsächlich auf pflanzlichen Lebensmitteln, die reich an Antioxidantien, Ballaststoffen, Vitaminen und Mineralien sind. Dazu gehören beispielsweise Obst, Gemüse, Hülsenfrüchte, Nüsse und Samen. Auch Vollkornprodukte und gesunde Fette, wie sie in Olivenöl, Avocado und fettem Fisch vorkommen, sind wichtige Bestandteile.

Es gibt einige Grundsätze, die dir helfen, die entzündungshemmende Ernährung in deinen Alltag zu integrieren:

- Schwerpunkt auf pflanzliche Lebensmittel: Setze Obst, Gemüse, Hülsenfrüchte und Vollkornprodukte in den Mittelpunkt deiner Mahlzeiten. Diese sind reich an Nährstoffen, die Entzündungen bekämpfen und dein Immunsystem stärken.

- Gesunde Fette: Wähle Fette, die reich an Omega-3-Fettsäuren sind, wie Leinöl, Walnüsse, Chiasamen oder fetter Fisch wie Lachs und Makrele. Vermeide Transfette und reduziere den Verzehr von gesättigten Fetten.

- Antioxidantien: Achte darauf, Lebensmittel mit hohem Antioxidantien-Gehalt zu konsumieren. Dazu zählen Beeren, grünes Blattgemüse, Nüsse und Gewürze wie Kurkuma oder Ingwer.

- Hydratation: Trinke ausreichend Wasser, um deinen Körper gut hydriert zu halten. Das hilft bei der Entgiftung und unterstützt das Immunsystem.

- Moderater Verzehr von tierischen Produkten: Wenn du Fleisch und Milchprodukte isst, wähle fettarme und qualitativ hochwertige Produkte. Achte auf eine artgerechte Tierhaltung und möglichst geringe Verarbeitung.

- Verarbeitete Lebensmittel vermeiden: Reduziere den Verzehr von verarbeiteten Lebensmitteln, die reich an Zucker, Salz und künstlichen Zusatzstoffen sind. Diese können Entzündungen fördern.

- Alkohol in Maßen: Genieße alkoholische Getränke nur in Maßen, da übermäßiger Alkoholkonsum Entzündungen begünstigen kann.

Die entzündungshemmende Ernährung ist keine strenge Diät, sondern vielmehr ein Leitfaden für eine gesunde und ausgewogene Ernährungsweise. Sie lässt sich leicht in den Alltag integrieren und kann sogar mit anderen Ernährungsformen kombiniert werden, wie zum Beispiel der mediterranen oder der vegetarischen Ernährung. Das Schöne daran ist, dass du diese Lebensweise individuell an deine Bedürfnisse und Vorlieben anpassen kannst.

Ein wichtiger Aspekt der entzündungshemmenden Ernährung ist die Integration von Gewürzen und Kräutern in deine Gerichte. Viele Kräuter und Gewürze haben entzündungshemmende Eigenschaften, die nicht nur deinem Körper zugutekommen, sondern auch deinen Gerichten einen köstlichen Geschmack verleihen. Einige meiner Favoriten sind Kurkuma, Ingwer, Zimt, Rosmarin, Oregano und Basilikum.

Auch das richtige Kochen und Zubereiten der Lebensmittel ist entscheidend. Schonende Garmethoden wie Dämpfen, Schmoren oder Grillen helfen dabei, die wertvollen Nährstoffe in den Lebensmitteln zu erhalten und schädliche Substanzen, die Entzündungen fördern können, zu reduzieren.

Zu guter Letzt möchte ich betonen, dass eine entzündungshemmende Ernährung nicht nur für Menschen mit chronischen Entzündungen oder Autoimmunerkrankungen empfehlenswert ist. Jeder kann von einer solchen Ernährungsweise profitieren, denn sie trägt dazu bei, das Risiko für viele Erkrankungen wie Herz-Kreislauf-Erkrankungen, Diabetes und Krebs zu verringern. Außerdem kann sie die Lebensqualität und das allgemeine Wohlbefinden steigern.

Welche Lebensmittel sind entzündungshemmend?

Du fragst dich vielleicht, welche Lebensmittel du in deine Ernährung aufnehmen solltest, um Entzündungen im Körper zu reduzieren und dein Wohlbefinden zu steigern. Ich möchte dir dabei helfen und eine Liste entzündungshemmender Lebensmittel vorstellen, die du in deinen Speiseplan integrieren kannst. Dabei habe ich die Lebensmittel in verschiedene Kategorien eingeteilt, um dir einen besseren Überblick zu verschaffen.

Gemüse

Farbenfrohes Gemüse ist ein echter Hingucker auf dem Teller und zugleich eine wahre Wohltat für deinen Körper! Hier sind einige besonders entzündungshemmende Gemüsesorten:

- Blattgemüse (Spinat, Mangold, Rucola)
- Brokkoli, Rosenkohl und Kohl
- Paprika, Tomaten und Auberginen
- Süßkartoffeln, Kürbis und Karotten
- Zwiebeln und Knoblauch
- Avocado

Obst

Auch Obst ist ein wichtiger Bestandteil einer entzündungshemmenden Ernährung. Diese Früchte sind besonders empfehlenswert:

- Beeren (Erdbeeren, Blaubeeren, Himbeeren, Brombeeren)
- Kirschen und Trauben
- Äpfel, Birnen und Kiwis
- Zitrusfrüchte (Orangen, Grapefruits, Zitronen)

- Ananas und Mango

Vollkornprodukte

Vollkornprodukte sind reich an Ballaststoffen, die deine Verdauung unterstützen und Entzündungen entgegenwirken können. Gute Beispiele sind:

- Vollkornbrot, -pasta und -reis
- Haferflocken und Quinoa
- Hirse, Bulgur und Dinkel

Hülsenfrüchte

Hülsenfrüchte sind nicht nur gute pflanzliche Eiweißquellen, sondern auch reich an entzündungshemmenden Nährstoffen. Hier einige Beispiele:

- Linsen, Kichererbsen und Bohnen
- Erbsen und Edamame

Nüsse und Samen

Diese kleinen Kraftpakete enthalten gesunde Fette und viele entzündungshemmende Substanzen. Integriere sie in deine Ernährung, beispielsweise:

- Mandeln, Walnüsse und Haselnüsse
- Chia-, Lein- und Hanfsamen

Fisch

Fetter Fisch ist reich an Omega-3-Fettsäuren, die starke entzündungshemmende Eigenschaften besitzen. Achte dabei auf nachhaltigen Fischfang:

- Lachs, Makrele und Sardinen
- Hering und Thunfisch

Gewürze und Kräuter

Wie bereits erwähnt, können Gewürze und Kräuter eine wichtige Rolle in der entzündungshemmenden Ernährung spielen. Hier noch einmal meine Favoriten:

- Kurkuma, Ingwer und Zimt
- Rosmarin, Oregano
- Basilikum, Thymian und Petersilie

Tee und andere Getränke

Auch was du trinkst, kann zur entzündungshemmenden Ernährung beitragen. Hier sind einige Getränke, die du in Betracht ziehen solltest:

- Grüner Tee und Weißer Tee
- Ingwertee und Kurkumatee
- Wasser und Kokoswasser

Öle und Fette

Die Auswahl der richtigen Fette und Öle kann ebenfalls einen großen Unterschied für deine Gesundheit machen. Setze auf diese entzündungshemmenden Optionen:

- Olivenöl (natives Olivenöl extra)
- Avocadoöl
- Leinöl und Hanföl (kaltgepresst)

Fermentierte Lebensmittel

Fermentierte Lebensmittel können das Immunsystem stärken und Entzündungen lindern. Beispiele für fermentierte Lebensmittel sind:

- Joghurt (ungesüßt und mit aktiven Kulturen)
- Sauerkraut und Kimchi
- Kefir und Kombucha

Vergiss nicht, dass du immer auf eine ausgewogene und abwechslungsreiche Ernährung achten solltest, um alle notwendigen Nährstoffe zu erhalten. Je bunter dein Teller, desto besser!

Welche Lebensmittel sollten vermieden werden?

Beim Streben nach einer entzündungshemmenden Ernährung ist es wichtig, nicht nur darauf zu achten, welche Lebensmittel hinzugefügt werden, sondern auch, welche Lebensmittel vermieden werden sollten. Nun möchte ich dir einige Lebensmittel vorstellen, die bekanntermaßen Entzündungen fördern und somit in deiner Ernährung reduziert oder vermieden werden sollten.

Zuckerhaltige Lebensmittel

Raffinierter Zucker, wie er in Süßigkeiten, Gebäck und Limonaden enthalten ist, kann Entzündungen im Körper fördern. Achte darauf, den Konsum solcher Lebensmittel zu reduzieren und stattdessen auf natürliche Süßungsmittel wie Honig oder Ahornsirup zurückzugreifen.

Verarbeitete Lebensmittel

Fertiggerichte, Fast Food und verarbeitete Snacks sind oft reich an ungesunden Fetten, Salz und Konservierungsstoffen. Diese Lebensmittel können Entzündungen begünstigen und sollten in Maßen konsumiert werden.

Transfette

Transfette sind in vielen verarbeiteten Lebensmitteln, frittierten Speisen und Backwaren enthalten. Sie sind bekannt dafür, Entzündungen zu fördern und sollten vermieden werden. Achte auf die Zutatenliste und vermeide Produkte, die „teilweise gehärtete Öle" enthalten.

Raffinierte Kohlenhydrate

Weißbrot, Weißmehl-Pasta und andere raffinierte Kohlenhydrate können den Blutzuckerspiegel schnell ansteigen lassen und Entzündungen fördern. Wähle stattdessen Vollkornprodukte und andere ballaststoffreiche Lebensmittel.

Alkohol

Ein übermäßiger Alkoholkonsum kann Entzündungen im Körper verstärken. Versuche, deinen Alkoholkonsum in Maßen zu halten, und wähle alkoholfreie Getränke, wenn möglich.

Rotes Fleisch

Rotes Fleisch, insbesondere verarbeitetes Fleisch wie Wurst und Schinken, kann Entzündungen fördern. Setze stattdessen auf Fisch, Geflügel oder pflanzliche Proteinquellen wie Hülsenfrüchte und Tofu.

Milchprodukte

Einige Menschen reagieren empfindlich auf Milchprodukte, was zu Entzündungen führen kann. Wenn du vermutest, dass du betroffen bist, versuche, Milchprodukte durch pflanzliche Alternativen wie Mandelmilch oder Sojajoghurt zu ersetzen.

Glutenhaltige Lebensmittel

Für Menschen mit Zöliakie oder Glutenunverträglichkeit kann der Verzehr von glutenhaltigen Lebensmitteln Entzündungen auslösen. In solchen Fällen ist es ratsam, glutenfreie Alternativen zu wählen.

Hier sind einige praktische Tipps, um entzündungsfördernde Lebensmittel zu reduzieren:

- Ersetze raffinierten Zucker durch natürliche Süßungsmittel wie Honig, Ahornsirup oder Stevia.
- Koche zu Hause und vermeide Fertiggerichte und Fast Food, um die Aufnahme von ungesunden Fetten, Salz und Konservierungsstoffen zu reduzieren.
- Lies die Zutatenliste von Lebensmitteln sorgfältig durch, um versteckte Transfette und ungesunde Zusatzstoffe zu vermeiden.
- Wähle Vollkornprodukte anstelle von raffinierten Kohlenhydraten.
- Reduziere den Alkoholkonsum und probiere alkoholfreie Getränke.
- Setze auf Fisch, Geflügel oder pflanzliche Proteinquellen, anstatt rotes Fleisch zu konsumieren.
- Teste, wie du auf Milchprodukte reagierst, und erwäge, pflanzliche Alternativen auszuprobieren.
- Falls du an Zöliakie oder Glutenunverträglichkeit leidest, wähle glutenfreie Alternativen.

Entzündungshemmende Lebensmittel im Detail

Omega-3-Fettsäuren

Lass mich dir von einer besonderen Gruppe von Fettsäuren erzählen, die eine wichtige Rolle in deinem Körper spielen: den Omega-3-Fettsäuren. Diese wunderbaren Moleküle sind nicht nur essenziell für deinen Körper, sondern haben auch erstaunliche entzündungshemmende Eigenschaften. In diesem Abschnitt möchte ich dir die Grundlagen über Omega-3-Fettsäuren vermitteln, warum sie so wichtig sind, und wie du sie in deine Ernährung integrieren kannst.

Was sind Omega-3-Fettsäuren?

Omega-3-Fettsäuren sind mehrfach ungesättigte Fettsäuren, die eine Vielzahl von gesundheitlichen Vorteilen bieten. Sie sind essenziell, was bedeutet, dass dein Körper sie nicht selbst herstellen kann – du musst sie durch die Nahrung aufnehmen. Die wichtigsten Omega-3-Fettsäuren sind Alpha-Linolensäure (ALA), Eicosapentaensäure (EPA) und Docosahexaensäure (DHA).

Gesundheitliche Vorteile von Omega-3-Fettsäuren

Die Liste der gesundheitlichen Vorteile von Omega-3-Fettsäuren ist beeindruckend. Hier sind einige der Hauptgründe, warum sie so wichtig sind:

- Entzündungshemmung: Omega-3-Fettsäuren sind potente Entzündungshemmer, die helfen, chronische Entzündungen im Körper zu reduzieren.

- Herzgesundheit: Sie können das Risiko von Herz-Kreislauf-Erkrankungen reduzieren, indem sie den Blutdruck senken, den Triglyceridspiegel reduzieren und das „gute" HDL-Cholesterin erhöhen.

- Gehirnfunktion: DHA ist eine wichtige Komponente der Zellmembranen in deinem Gehirn und spielt eine wichtige Rolle bei kognitiven Funktionen, wie zum Beispiel Gedächtnis und Lernen.

- Augengesundheit: Omega-3-Fettsäuren sind entscheidend für die Erhaltung einer guten Augengesundheit, da sie helfen, altersbedingte Makuladegeneration und Trockenheit der Augen zu verhindern.

- Gelenkgesundheit: Sie können helfen, Gelenkschmerzen und Steifheit bei Arthritis-Patienten zu lindern und die Beweglichkeit zu verbessern.

Lebensmittel reich an Omega-3-Fettsäuren

Um von den gesundheitlichen Vorteilen von Omega-3-Fettsäuren zu profitieren, ist es wichtig, sie regelmäßig in deine Ernährung einzubauen. Hier sind einige Lebensmittel, die reich an Omega-3-Fettsäuren sind:

- Fetter Fisch: Lachs, Makrele, Hering, Sardinen und Forelle sind ausgezeichnete Quellen für EPA und DHA.

- Leinsamen und Leinöl: Sie enthalten hohe Mengen an ALA, das der Körper in begrenztem Umfang in EPA und DHA umwandeln kann.

- Chiasamen: Wie Leinsamen sind sie reich an ALA und eignen sich hervorragend als Ergänzung zu Müslis, Joghurt oder Smoothies.

- Walnüsse: Eine weitere gute Quelle für ALA und gleichzeitig ein knuspriger und gesunder Snack.

- Algen und Algenöl: Für Vegetarier und Veganer ist dies eine der wenigen pflanzlichen Quellen für EPA und DHA.

- Rapsöl: Enthält moderate Mengen an ALA und ist eine gute Option zum Kochen oder als Salatdressing.

Tägliche Omega-3-Aufnahme

Die empfohlene tägliche Aufnahme von Omega-3-Fettsäuren variiert je nach Geschlecht, Alter und Lebenssituation. Im Allgemeinen wird empfohlen, mindestens 250-500 mg EPA und DHA pro Tag zu konsumieren. Schwangere und stillende Frauen sollten darauf achten, ausreichend DHA zu sich zu nehmen, um die Entwicklung des Gehirns und der Augen des Babys zu unterstützen. Eine Ernährung, die reich an den oben genannten Lebensmitteln ist, sollte ausreichen, um den täglichen Bedarf an Omega-3-Fettsäuren zu decken.

Antioxidantien

Nun kommen wir zu einer Gruppe von Molekülen, die wie kleine Superhelden in deinem Körper wirken – den Antioxidantien. Sie sind dafür bekannt, freie Radikale abzuwehren und somit Zellschäden und Entzündungen zu reduzieren. Aber was sind eigentlich freie Radikale und warum sind sie so gefährlich? Freie Radikale sind instabile Moleküle, die durch Umweltfaktoren wie Luftverschmutzung, Strahlung, Rauchen und sogar natürliche Stoffwechselprozesse im Körper entstehen. Sie können Zellstrukturen wie DNA, Proteine und Zellmembranen schädigen, was zu Entzündungen und einer Vielzahl von Krankheiten führen kann.

Antioxidantien – die Retter in der Not

Antioxidantien sind Moleküle, die freie Radikale neutralisieren und somit ihre schädigende Wirkung verhindern können. Sie sind in vielen Lebensmitteln, insbesondere in Obst, Gemüse, Gewürzen, Nüssen und Samen, vorhanden. Einige der bekanntesten Antioxidantien sind Vitamin C, Vitamin E, Beta-Carotin und die sogenannten Polyphenole.

Lebensmittel reich an Antioxidantien

Du fragst dich sicherlich, welche Lebensmittel du essen solltest, um deine Antioxidantienaufnahme zu erhöhen. Hier ist eine Liste von Lebensmitteln, die reich an Antioxidantien sind:

- Beeren: Blaubeeren, Erdbeeren, Himbeeren und Brombeeren sind alle reich an verschiedenen Antioxidantien wie Vitamin C, Anthocyane und Polyphenole.

- Dunkles Blattgemüse: Spinat, Grünkohl und Mangold enthalten hohe Mengen an Vitamin C, Vitamin E, Beta-Carotin und Lutein.

- Nüsse und Samen: Walnüsse, Pekannüsse, Mandeln, Chiasamen und Leinsamen sind gute Quellen für Vitamin E und Polyphenole.

- Gewürze und Kräuter: Kurkuma, Zimt, Nelken, Oregano und Rosmarin haben besonders hohe antioxidative Eigenschaften.

- Tee und Kaffee: Grüner Tee, schwarzer Tee und Kaffee enthalten alle Polyphenole, die als Antioxidantien wirken.

- Kakao und dunkle Schokolade: Ungesüßter Kakao und dunkle Schokolade mit hohem Kakaoanteil sind reich an Flavonoiden, einer Art von Polyphenolen.

Probiotika

Wenn du bisher dachtest, dass Bakterien grundsätzlich etwas Schlechtes sind, dann wird dich dieser Abschnitt eines Besseren belehren! Die Rede ist von Probiotika – jenen nützlichen Mikroorganismen, die in deinem Körper für eine gesunde Darmflora sorgen und dabei helfen, Entzündungen zu reduzieren. In diesem Teil möchte ich dir mehr über Probiotika erzählen und dir zeigen, welche Lebensmittel probiotische Eigenschaften besitzen.

Probiotika: Die guten Bakterien

Probiotika sind lebende Mikroorganismen, meistens Bakterien, die in bestimmten Lebensmitteln oder Nahrungsergänzungsmitteln enthalten sind. Sie besiedeln deinen Darm und tragen dazu bei, das Gleichgewicht zwischen den „guten" und „schlechten" Bakterien aufrechtzuerhalten. Durch die Verbesserung der

Darmgesundheit können Probiotika Entzündungen im Körper reduzieren und somit zu einer besseren Gesundheit beitragen.

Lebensmittel, die Probiotika enthalten

Nun fragst du dich sicher: „Welche Lebensmittel enthalten diese wunderbaren Probiotika?" Hier ist eine Liste von probiotikareichen Lebensmitteln, die du in deine Ernährung integrieren kannst:

- Joghurt: Naturjoghurt ohne Zuckerzusatz, insbesondere solcher, der auf der Verpackung als „rechtsdrehende Milchsäure" oder „mit lebenden Kulturen" gekennzeichnet ist, enthält Probiotika.

- Kefir: Dieses fermentierte Milchgetränk enthält eine Vielzahl von Probiotika und kann als Alternative zu Joghurt konsumiert werden.

- Sauerkraut: Der durch Fermentation von Kohl entstandene Klassiker ist reich an probiotischen Bakterien.

- Kimchi: Dieses koreanische Gericht aus fermentiertem Gemüse, meistens Chinakohl, ist ebenfalls eine gute Quelle für Probiotika.

- Miso: Die japanische Würzpaste aus fermentierten Sojabohnen ist reich an gesunden Bakterienkulturen.

- Kombucha: Das fermentierte Teegetränk enthält Probiotika und kann als gesunde Alternative zu zuckerhaltigen Limonaden dienen.

- Tempeh: Dieses indonesische Produkt aus fermentierten Sojabohnen enthält ebenfalls gesunde Bakterienkulturen.

Tipps zur Umsetzung im Alltag

Schritt-für-Schritt-Anleitung

Du bist nun bereit, den Sprung zu wagen und deinen Speiseplan auf eine entzündungshemmende Ernährung umzustellen? Gratulation! Ich bin begeistert, dass du diesen wichtigen Schritt für deine Gesundheit in Angriff nehmen möchtest. Um dir dabei zu helfen, habe ich eine Schritt-für-Schritt-Anleitung zusammengestellt, die dich durch den Prozess der Umstellung begleitet.

Schritt 1: Lerne die Grundlagen kennen

Bevor du loslegst, solltest du ein solides Verständnis der entzündungshemmenden Ernährung haben. Informiere dich über die Lebensmittel, die Entzündungen fördern und solche, die sie reduzieren. Du kannst zum Beispiel auf meine früheren Kapitel über entzündungshemmende Lebensmittel zurückgreifen, um dein Wissen zu vertiefen.

Schritt 2: Plane deine Mahlzeiten

Die Planung deiner Mahlzeiten ist ein zentraler Bestandteil einer erfolgreichen Umstellung. Erstelle einen wöchentlichen Speiseplan, der entzündungshemmende Lebensmittel in den Mittelpunkt stellt. Denke dabei an ausgewogene Mahlzeiten, die reich an Gemüse, Obst, Vollkornprodukten, gesunden Fetten und mageren Proteinen sind.

Schritt 3: Kücheninventur

Mach eine Bestandsaufnahme deiner Küche und entscheide, welche Lebensmittel du ersetzen oder eliminieren möchtest. Tausche zum Beispiel raffinierte Kohlenhydrate wie Weißmehl und Zucker gegen Vollkornprodukte und natürliche Süßungsmittel wie Honig oder Ahornsirup aus. Verabschiede dich von gesättigten und Transfetten und begrüße gesunde Fette wie Olivenöl, Avocado und Nüsse.

Schritt 4: Einkaufen

Mit deinem frisch erstellten Speiseplan und einer klaren Vorstellung davon, welche Lebensmittel du benötigst, geht es nun ans Einkaufen. Achte darauf, frische und unverarbeitete Lebensmittel zu bevorzugen. Nutze meinen Tipp und kaufe saisonales und regionales Obst und Gemüse – so schlägst du zwei Fliegen mit einer Klappe: Du tust etwas Gutes für deinen Körper und die Umwelt!

Schritt 5: Zubereitung

Jetzt wird es spannend – es ist Zeit, deine entzündungshemmenden Gerichte zuzubereiten! Experimentiere mit neuen Rezepten und Gewürzen, um deinen Mahlzeiten Geschmack und Vielfalt zu verleihen. Vergiss nicht, dass schonendes Garen, wie Dampfgaren oder Schmoren, die Nährstoffe in den Lebensmitteln besser erhält.

Schritt 6: Genieße und beobachte

Iss deine Mahlzeiten bewusst und genieße jeden Bissen. Beobachte dabei, wie sich dein Körper während der Umstellung fühlt. Du wirst vielleicht feststellen, dass du mehr Energie hast oder dich insgesamt besser fühlst. Gib dir jedoch Zeit – die Umstellung auf eine entzündungshemmende Ernährung ist ein Prozess, und es kann einige Wochen dauern, bis du die ersten positiven Veränderungen bemerkst.

Schritt 7: Suche Unterstützung

Die Umstellung auf eine neue Ernährungsweise kann manchmal herausfordernd sein. Scheue dich nicht, Unterstützung von Familie, Freunden oder einem Ernährungsberater zu suchen. Es kann auch hilfreich sein, dich mit Gleichgesinnten auszutauschen, zum Beispiel in Online-Foren oder lokalen Gruppen.

Schritt 8: Bleibe flexibel und passe an

Es ist wichtig, sich daran zu erinnern, dass jeder Körper einzigartig ist und auf Veränderungen unterschiedlich reagiert. Sei offen dafür, deine Ernährungsgewohnheiten anzupassen, um herauszufinden, was am besten für dich funktioniert. Wenn du feststellst, dass bestimmte Lebensmittel oder Zubereitungsmethoden nicht gut für dich sind, zögere nicht, Alternativen auszuprobieren.

Schritt 9: Mache es zur Gewohnheit

Die Umstellung auf eine entzündungshemmende Ernährung ist nicht nur ein kurzfristiges Ziel, sondern eine lebenslange Entscheidung für eine bessere Gesundheit. Bleibe dran, auch wenn es manchmal schwierig sein mag. Mit der Zeit wird es zur Gewohnheit werden, und du wirst die vielen Vorteile einer entzündungshemmenden Ernährung genießen können.

Einkaufstipps für entzündungshemmende Lebensmittel

Auf der Suche nach entzündungshemmenden Lebensmitteln kann der Einkauf manchmal überwältigend wirken. Aber keine Sorge, ich bin hier, um dir dabei zu helfen! Hier sind einige nützliche Einkaufstipps, die dir den Weg zu einer entzündungshemmenden Ernährung erleichtern.

Erstens: Plane im Voraus

Bevor du dich auf den Weg zum Supermarkt machst, ist es wichtig, dass du dir einen Einkaufszettel schreibst. Überlege, welche Mahlzeiten du in der kommenden Woche zubereiten möchtest und welche Zutaten du dafür benötigst. Dadurch kannst du gezielter einkaufen und sicherstellen, dass du alle benötigten entzündungshemmenden Lebensmittel erwirbst.

Zweitens: Setze auf Qualität

Achte beim Einkauf auf die Qualität der Lebensmittel. Versuche, Bio-Produkte zu kaufen, wenn es dein Budget erlaubt, da diese oft weniger Pestizide enthalten und die Umwelt weniger belasten. Wenn es um Fisch geht, ist es ratsam, nachhaltig gefangenen Fisch oder solchen aus verantwortungsvoller Aquakultur zu wählen.

Drittens: Kaufe saisonal und regional

Saisonale und regionale Lebensmittel sind oft frischer, nährstoffreicher und schmackhafter. Indem du solche Produkte wählst, kannst du nicht nur die Qualität deiner Ernährung verbessern, sondern auch die Umwelt schonen und lokale Produzenten unterstützen.

Viertens: Achte auf versteckte Zutaten

Manche verarbeitete Lebensmittel enthalten versteckte entzündungsfördernde Zutaten wie Zucker, Transfette oder künstliche Zusatzstoffe. Lies die Etiketten sorgfältig durch und vermeide Produkte mit solchen Inhaltsstoffen.

Fünftens: Experimentiere mit neuen Lebensmitteln

Sei offen für das Entdecken neuer entzündungshemmender Lebensmittel! Es gibt viele exotische Früchte, Gemüse und Gewürze, die deinem Körper guttun und deinen Speiseplan bereichern können. Du wirst überrascht sein, wie viele köstliche und gesunde Optionen es gibt.

Sechstens: Nutze den Vorteil von Tiefkühlprodukten

Gefrorene Lebensmittel haben oft den Ruf, weniger gesund zu sein, aber das muss nicht der Fall sein. Tatsächlich sind gefrorene Früchte und Gemüse oft genauso nährstoffreich wie frische Produkte und können sogar preisgünstiger sein. Achte jedoch darauf, dass sie keine zusätzlichen entzündungsfördernden Zutaten enthalten.

Siebtens: Bereite deine eigenen Snacks zu

Anstatt auf verarbeitete Snacks zurückzugreifen, die reich an entzündungsfördernden Zutaten sein können, versuche, deine eigenen entzündungshemmenden

Snacks zuzubereiten. Zum Beispiel kannst du Nüsse und Samen mischen oder geschnittenes Gemüse mit einem gesunden Dip servieren.

Achtens: Baue deine Vorratskammer auf

Es ist eine gute Idee, deine Vorratskammer mit entzündungshemmenden Grundnahrungsmitteln wie Vollkornprodukten, Hülsenfrüchten, Nüssen und Samen zu bestücken. Auf diese Weise hast du immer gesunde Optionen zur Hand, wenn du eine Mahlzeit zubereiten möchtest. Achte darauf, deine Vorräte regelmäßig aufzufüllen, damit sie frisch und nährstoffreich bleiben.

Neuntens: Nutze den Vorteil von Online-Shopping

Falls du Schwierigkeiten hast, bestimmte entzündungshemmende Lebensmittel in deinem örtlichen Supermarkt zu finden, ist Online-Shopping eine gute Alternative. Hier kannst du spezialisierte Lebensmittelgeschäfte und Bioläden entdecken, die eine Vielzahl von gesunden Optionen anbieten. Vergleiche Preise und achte auf Kundenbewertungen, um die besten Produkte für deine Bedürfnisse zu finden.

Hinweis zu den Rezepten

Ich habe mich bewusst dafür entschieden, in meinem Kochbuch auf die Verwendung von Bildern zu verzichten. Obwohl viele Kochbücher durch ihre visuellen Reize beeindrucken, möchte ich dir die Gründe für meine Entscheidung darlegen.

Mein Anliegen ist es, die Aufmerksamkeit ganz auf die Inhalte und Rezepte zu lenken, ohne dass diese durch äußere Einflüsse beeinflusst werden. Ich möchte, dass du dich voll und ganz auf die Zutaten, die Zubereitung und die pure Freude am Kochen konzentrierst, ohne dass du von hochglanzpolierten, aufwendig inszenierten Bildern abgelenkt wirst.

Ich möchte dir zusätzlich die Chance bieten, deine kreative Ader und Fantasie vollkommen auszuleben. Denn jeder Mensch hat seine individuelle Vorstellung davon, wie ein Gericht perfekt präsentiert werden sollte. Indem ich auf visuelle Hilfsmittel verzichte, ermutige ich dich dazu, deine eigenen Konzepte zu entwickeln und deine Speisen ganz nach deinem Geschmack zu gestalten.

Bei meiner Entscheidung spielt der Umweltaspekt ebenfalls eine wichtige Rolle. Indem wir auf Bilder in diesem Buch verzichten, haben wir die Möglichkeit, gemeinsam Ressourcen zu schonen und somit einen kleinen, aber dennoch bedeutsamen Beitrag zum Schutz unserer Umwelt zu leisten.

Ich bin zuversichtlich, dass dieses Kochbuch auch ohne visuelle Hilfestellungen deine Sinne ansprechen wird und dich mit seinen köstlichen Rezeptideen und nützlichen Informationen begeistern wird. Lass dich von der Abwesenheit von Bildern nicht abschrecken und entdecke die kulinarische Vielfalt, die dieses Buch zu bieten hat.

Suppen

Karotten-Ingwer-Suppe

Zubereitungszeit: 30 Minuten
Portionen: 2

Zutaten:

- 300 g Karotten, geschält und grob gewürfelt
- 40 g frischer Ingwer, geschält und fein gehackt
- 1 mittelgroße Zwiebel, geschält und gewürfelt
- 1 Knoblauchzehe, geschält und fein gehackt
- 500 ml Gemüsebrühe
- 100 ml Kokosmilch
- 1 EL natives Olivenöl extra
- 1 TL Kurkuma
- 1/2 TL Kreuzkümmel
- 1/2 TL Paprika, edelsüß
- 1/2 TL Bio-Zitronensaft
- Salz und Pfeffer nach Geschmack
- Frische Korianderblätter, grob gehackt, zum Garnieren

Zubereitung:

1. Erhitze das Olivenöl in einem mittelgroßen Topf bei mittlerer Hitze. Gib die Zwiebel und den Knoblauch hinein und dünste sie, bis sie weich und leicht goldbraun sind, etwa 5 Minuten.

2. Füge die gewürfelten Karotten und den fein gehackten Ingwer hinzu. Lass das Gemüse unter gelegentlichem Rühren weitere 5 Minuten köcheln, bis die Karotten weich werden.

3. Streue Kurkuma, Kreuzkümmel und Paprika über das Gemüse und rühre alles gut um, sodass die Gewürze gleichmäßig verteilt sind.

4. Gieße die Gemüsebrühe in den Topf und bringe die Suppe zum Kochen. Reduziere dann die Hitze und lass sie 15 Minuten bei niedriger Hitze köcheln, bis die Karotten vollständig weich sind.

5. Nimm den Topf vom Herd und püriere die Suppe mit einem Stabmixer oder in einem Standmixer, bis sie eine glatte Konsistenz hat. Gib die Suppe zurück in den Topf und rühre die Kokosmilch unter.

6. Erwärme die Suppe erneut bei niedriger Hitze und schmecke sie mit Zitronensaft, Salz und Pfeffer ab.

7. Serviere die Karotten-Ingwer-Suppe in tiefen Tellern oder Schalen, garniert mit frischen Korianderblättern.

Grünkohl-Blumenkohl-Cremesuppe

Zubereitungszeit: 30 Minuten
Portionen: 2

Zutaten:

- 200 g Grünkohl, gewaschen und grob gehackt
- 300 g Blumenkohl, in kleine Röschen geteilt
- 1 EL natives Olivenöl extra
- 1 kleine Zwiebel, fein gewürfelt
- 1 Knoblauchzehe, fein gehackt
- 1/2 TL frisch geriebener Ingwer
- 750 ml Gemüsebrühe
- 150 ml Kokosmilch
- 1/2 TL Kurkuma
- 1 Prise Chiliflocken (optional)
- Salz und Pfeffer, nach Geschmack
- 2 EL gehackte Petersilie, zum Garnieren

Zubereitung:

1. Erhitze das Olivenöl in einem großen Topf bei mittlerer Hitze. Füge die fein gewürfelte Zwiebel und den gehackten Knoblauch hinzu und dünste sie etwa 3 Minuten lang, bis sie weich und duftend sind.

2. Gib den frisch geriebenen Ingwer, Kurkuma und optional Chiliflocken hinzu und lass alles noch etwa 1 Minute köcheln, um die Aromen zu entfalten.

3. Füge nun den Grünkohl und die Blumenkohlröschen hinzu. Rühre alles gut durch, sodass das Gemüse gleichmäßig mit den Gewürzen bedeckt ist.

4. Gieße die Gemüsebrühe in den Topf und bringe die Suppe zum Kochen. Reduziere dann die Hitze und lasse sie etwa 15 Minuten köcheln, bis der Grünkohl und der Blumenkohl weich sind.

5. Gib die Kokosmilch in die Suppe und rühre sie unter. Lass die Suppe weitere 5 Minuten bei schwacher Hitze köcheln.

6. Püriere die Suppe mit einem Stabmixer oder in einem Standmixer, bis sie eine cremige Konsistenz hat. Schmecke die Suppe mit Salz und Pfeffer ab und füge bei Bedarf noch etwas Chiliflocken hinzu.

7. Verteile die Grünkohl-Blumenkohl-Cremesuppe auf zwei Teller und garniere sie mit gehackter Petersilie. Guten Appetit!

Tomaten-Linsen-Suppe

Zubereitungszeit: 30 Minuten
Portionen: 2

Zutaten:

- 200 g rote Linsen, gewaschen und abgetropft
- 400 ml passierte Tomaten
- 1 EL natives Olivenöl extra
- 1 kleine Zwiebel, gewürfelt
- 2 Knoblauchzehen, fein gehackt
- 1 EL frischer Ingwer, gerieben
- 1 TL gemahlener Kurkuma
- 1 TL gemahlener Kreuzkümmel
- 1 TL Paprikapulver
- 500 ml Gemüsebrühe
- Salz und Pfeffer zum Abschmecken
- 1 EL frischer Koriander, gehackt
- 2 EL Kokosmilch, zum Garnieren

Zubereitung:

1. Erhitze das Olivenöl in einem großen Topf bei mittlerer Hitze. Füge die gewürfelte Zwiebel hinzu und dünste sie, bis sie weich und leicht gebräunt ist. Das sollte etwa 5 Minuten dauern.

2. Gib den fein gehackten Knoblauch und den geriebenen Ingwer in den Topf und brate alles für etwa 1 Minute, bis es duftet.

3. Füge nun die gemahlenen Gewürze (Kurkuma, Kreuzkümmel und Paprikapulver) hinzu und rühre alles gut um, sodass die Zwiebelmischung gleichmäßig mit den Gewürzen bedeckt ist.

4. Jetzt ist es an der Zeit, die gewaschenen und abgetropften roten Linsen, die passierten Tomaten und die Gemüsebrühe hinzuzufügen. Rühre alles gut um und bringe die Suppe zum Kochen.

5. Reduziere die Hitze und lass die Suppe etwa 20 Minuten bei niedriger Hitze köcheln, bis die Linsen weich sind.

6. Schmecke die Suppe mit Salz und Pfeffer ab und rühre den frisch gehackten Koriander unter.

7. Verteile die Tomaten-Linsen-Suppe auf zwei Schalen und gib jeweils einen Esslöffel Kokosmilch über die Suppe, um sie zu garnieren.

Kürbis-Mango-Kokos-Suppe

Zubereitungszeit: 30 Minuten
Portionen: 2

Zutaten:

- 300 g Butternut-Kürbis, geschält und gewürfelt
- 1 reife Mango, geschält, entkernt und gewürfelt
- 200 ml Kokosmilch
- 1 EL natives Olivenöl extra
- 1 kleine Zwiebel, gewürfelt
- 1 Knoblauchzehe, fein gehackt
- 1 cm Ingwer, fein gehackt
- 500 ml Gemüsebrühe
- 1 TL Kurkuma
- 1/2 TL Kreuzkümmel
- 1/2 TL Paprikapulver
- 1 EL Bio-Limettensaft
- Salz und Pfeffer nach Geschmack
- Frischer Koriander, grob gehackt, zum Garnieren
- 2 EL Kokoschips, zum Garnieren

Zubereitung:

1. Erhitze das Olivenöl in einem mittelgroßen Topf bei mittlerer Hitze. Gib die Zwiebeln, den Knoblauch und den Ingwer hinein und dünste sie für etwa 3 Minuten, bis sie weich und duftend sind.

2. Füge den gewürfelten Kürbis, die Mangowürfel, Kurkuma, Kreuzkümmel und Paprikapulver hinzu. Vermenge alles gut miteinander und lasse es für weitere 2 Minuten köcheln, damit sich die Aromen entfalten können.

3. Gieße die Gemüsebrühe und die Kokosmilch in den Topf. Rühre alles gut um und bringe die Suppe zum Kochen. Reduziere dann die Hitze und lasse die Suppe für etwa 15-20 Minuten köcheln, bis der Kürbis weich ist.

4. Püriere die Suppe mit einem Stabmixer oder in einem Standmixer, bis sie eine cremige Konsistenz hat. Gib die Suppe zurück in den Topf und erwärme sie noch einmal, falls nötig. Schmecke die Suppe mit Limettensaft, Salz und Pfeffer ab.

5. Verteile die Suppe auf zwei Schalen und garniere sie mit frischem Koriander und Kokoschips. Serviere die Kürbis-Mango-Kokos-Suppe heiß und genieße diese wohltuende Köstlichkeit!

Rote-Bete-Apfel-Suppe

Zubereitungszeit: 25 Minuten
Portionen: 2

Zutaten:

- 300 g Rote Bete, geschält und gewürfelt
- 2 Äpfel, geschält, entkernt und gewürfelt
- 1 kleine Zwiebel, fein gehackt
- 1 EL natives Olivenöl extra
- 500 ml Gemüsebrühe
- 1 TL frischer Ingwer, gerieben
- 2 EL Bio-Zitronensaft
- 1/2 TL Kreuzkümmel, gemahlen
- 1 EL frische Minze, gehackt
- Salz und Pfeffer, nach Geschmack
- 100 ml Kokosmilch
- 1 EL Kürbiskerne, zum Garnieren

Zubereitung:

1. Erhitze das Olivenöl in einem Topf bei mittlerer Hitze. Gib die fein gehackte Zwiebel hinzu und dünste sie für etwa 3-4 Minuten, bis sie glasig und weich ist.

2. Füge die gewürfelte Rote Bete und die gewürfelten Äpfel hinzu. Lass das Ganze für weitere 5 Minuten köcheln, damit die Aromen gut miteinander verschmelzen.

3. Gib den geriebenen Ingwer, den gemahlenen Kreuzkümmel und die Gemüsebrühe hinzu. Lass die Suppe für etwa 15 Minuten köcheln, bis die Rote Bete weich ist.

4. Püriere die Suppe mit einem Stabmixer oder in einem Standmixer, bis sie eine samtige Konsistenz hat. Gib die Suppe zurück in den Topf, falls du einen Standmixer verwendet hast.

5. Füge den Zitronensaft und die gehackte Minze hinzu. Schmecke die Suppe mit Salz und Pfeffer ab und rühre die Kokosmilch unter.

6. Verteile die Suppe auf zwei Schalen und garniere sie mit den Kürbiskernen. Serviere die Rote-Bete-Apfel-Suppe heiß und genieße das harmonische Zusammenspiel der Geschmacksnuancen.

Würzige Zucchini-Suppe

Zubereitungszeit: 30 Minuten
Portionen: 2

Zutaten:

- 300 g Zucchini, gewaschen und in Würfel geschnitten
- 1 kleine rote Paprika, entkernt und in kleine Streifen geschnitten
- 1 EL natives Olivenöl extra
- 1 kleine Zwiebel, fein gewürfelt
- 1 Knoblauchzehe, fein gehackt
- 1/2 TL frisch geriebener Ingwer
- 1/2 TL Kurkuma
- 1/2 TL Paprikapulver
- 1/2 TL Kreuzkümmel
- 500 ml Gemüsebrühe
- 100 ml Kokosmilch
- 2 EL frisch gehackte Petersilie
- Salz und Pfeffer nach Geschmack

Zubereitung:

1. Erhitze das Olivenöl in einem mittelgroßen Topf über mittlerer Hitze. Gib die gewürfelte Zwiebel und den gehackten Knoblauch hinzu und dünste sie glasig an.

2. Füge die Zucchini- und Paprikastücke hinzu und brate sie für etwa 5 Minuten an, bis sie leicht gebräunt sind.

3. Gib den frisch geriebenen Ingwer, Kurkuma, Paprikapulver und Kreuzkümmel in den Topf und rühre alles gut um, sodass das Gemüse gleichmäßig gewürzt ist.

4. Gieße die Gemüsebrühe hinzu und bringe die Suppe zum Kochen. Lasse sie für etwa 15 Minuten bei niedriger Hitze köcheln, bis das Gemüse weich ist.

5. Püriere die Suppe mit einem Stabmixer oder in einem Standmixer, bis sie eine glatte Konsistenz hat. Gib die Suppe zurück in den Topf, falls du einen Standmixer verwendet hast.

6. Füge die Kokosmilch hinzu und erhitze die Suppe nochmals kurz. Schmecke sie mit Salz und Pfeffer ab.

7. Verteile die Suppe auf zwei Teller und garniere sie mit der frisch gehackten Petersilie.

Brokkoli-Spinat-Suppe mit Mandeln

Zubereitungszeit: 25 Minuten
Portionen: 2

Zutaten:

- 200 g Brokkoli, in Röschen geteilt
- 150 g frischer Spinat, gewaschen und grob gehackt
- 50 g Mandeln, grob gehackt
- 1 EL natives Olivenöl extra
- 1 kleine Zwiebel, fein gewürfelt
- 1 Knoblauchzehe, fein gehackt
- 500 ml Gemüsebrühe
- 100 ml Kokosmilch
- 1 TL Kurkuma
- 1/2 TL Ingwer, gerieben
- Salz und Pfeffer, nach Geschmack
- 1 EL Bio-Zitronensaft
- 1 EL frische Petersilie, gehackt (zum Garnieren)

Zubereitung:

1. Erhitze das Olivenöl in einem großen Topf bei mittlerer Hitze. Füge die Zwiebeln und Knoblauch hinzu und dünste sie, bis sie weich und glasig sind, etwa 3 Minuten.

2. Gib den Brokkoli, Spinat und die Mandeln in den Topf. Rühre alles gut um, sodass die Zutaten mit dem Öl und den Zwiebeln gut vermischt sind. Lass das Ganze für etwa 5 Minuten köcheln, bis der Brokkoli und Spinat etwas weicher geworden sind.

3. Füge nun die Gemüsebrühe, Kokosmilch, Kurkuma und geriebenen Ingwer hinzu. Lass die Suppe für weitere 10 Minuten köcheln, bis der Brokkoli weich ist.

4. Püriere die Suppe anschließend mit einem Stabmixer oder in einem Standmixer, bis sie die gewünschte Konsistenz erreicht hat. Schmecke die Suppe mit Salz, Pfeffer und Zitronensaft ab.

5. Serviere die Brokkoli-Spinat-Suppe in Schalen und garniere sie mit der gehackten Petersilie. Genieße diese wärmende, nährstoffreiche Suppe!

Erbsen-Minz-Suppe

Zubereitungszeit: 25 Minuten
Portionen: 2

Zutaten:

- 250 g frische Erbsen, geschält
- 1 kleine Zwiebel, gewürfelt
- 1 Knoblauchzehe, fein gehackt
- 400 ml Gemüsebrühe
- 2 EL natives Olivenöl extra
- 1 TL frisch geriebener Ingwer
- 100 ml Kokosmilch
- 2 EL frische Minze, fein gehackt
- Salz und Pfeffer nach Geschmack
- 1 TL Bio-Zitronensaft
- 1 EL gehackte Petersilie, zum Garnieren
- 1 EL Kürbiskerne, zum Garnieren

Zubereitung:

1. Erhitze das Olivenöl in einem mittelgroßen Topf bei mittlerer Hitze. Gib die gewürfelte Zwiebel und den gehackten Knoblauch hinzu und dünste sie glasig an, etwa 3-4 Minuten.

2. Füge die geschälten Erbsen, den geriebenen Ingwer und die Gemüsebrühe hinzu. Lass die Suppe aufkochen und dann bei niedriger Hitze etwa 10 Minuten köcheln, bis die Erbsen weich sind.

3. Nimm den Topf vom Herd und püriere die Suppe mit einem Stabmixer oder in einem Standmixer, bis sie cremig ist. Gib sie zurück in den Topf und rühre die Kokosmilch und die fein gehackte Minze unter.

4. Schmecke die Suppe mit Salz, Pfeffer und Zitronensaft ab. Lass sie nochmals kurz aufkochen und serviere sie heiß in zwei Suppenschalen.

5. Garniere jede Portion mit gehackter Petersilie und Kürbiskernen. Genieße die frische und würzige Erbsen-Minz-Suppe, die nicht nur lecker, sondern auch entzündungshemmend ist.

Pastinaken-Curry-Suppe

Zubereitungszeit: 30 Minuten
Portionen: 2

Zutaten:

- 300 g Pastinaken, geschält und in kleine Würfel geschnitten
- 200 g Süßkartoffeln, geschält und in kleine Würfel geschnitten
- 1 EL Kokosöl
- 1 Zwiebel, fein gewürfelt
- 1 Knoblauchzehe, fein gehackt
- 1 EL frischer Ingwer, fein gerieben
- 2 TL Currypulver
- 1 TL Kurkuma
- 1/2 TL Kreuzkümmel
- 750 ml Gemüsebrühe
- 200 ml Kokosmilch
- 1 EL Bio-Zitronensaft
- Salz und Pfeffer zum Abschmecken
- Frische Korianderblätter, grob gehackt, zum Garnieren

Zubereitung:

1. Erhitze das Kokosöl in einem großen Topf bei mittlerer Hitze. Füge die gewürfelte Zwiebel hinzu und dünste sie, bis sie weich und glasig ist. Gib den Knoblauch und den Ingwer hinzu und brate beides etwa 1 Minute lang an.

2. Streue nun das Currypulver, Kurkuma und Kreuzkümmel über die Zwiebelmischung und rühre gut um, sodass alles gut miteinander vermengt ist. Lasse die Gewürze etwa 2 Minuten lang anrösten, um ihre Aromen zu entfalten.

3. Füge die Pastinaken- und Süßkartoffelwürfel in den Topf und rühre alles gut durch, damit das Gemüse mit den Gewürzen bedeckt ist. Lasse das Gemüse etwa 5 Minuten lang anbraten, rühre dabei gelegentlich um.

4. Gieße die Gemüsebrühe und die Kokosmilch in den Topf und bringe die Suppe zum Kochen. Reduziere die Hitze und lasse die Suppe bei niedriger Temperatur etwa 20 Minuten köcheln, oder bis das Gemüse weich ist.

5. Püriere die Suppe mit einem Stabmixer oder in einem Standmixer, bis sie eine cremige Konsistenz hat. Gib den Zitronensaft hinzu und schmecke die Suppe mit Salz und Pfeffer ab.

6. Verteile die Pastinaken-Curry-Suppe auf zwei Schalen und garniere sie mit den frischen Korianderblättern. Lass es dir schmecken!

Scharfe Paprika-Kokos-Suppe

Zubereitungszeit: 25 Minuten
Portionen: 2

Zutaten:

- 2 mittelgroße rote Paprika, gewaschen und in kleine Würfel geschnitten
- 1 mittelgroße Zwiebel, fein gewürfelt
- 1 Knoblauchzehe, fein gehackt
- 1 EL Kokosöl
- 1 TL Kurkuma, gemahlen
- 1 TL Ingwer, frisch gerieben
- 1 kleine rote Chili, fein gehackt (Samen entfernen für weniger Schärfe)
- 400 ml Kokosmilch
- 200 ml Gemüsebrühe
- 1 EL Bio-Limettensaft
- 2 EL frischer Koriander, fein gehackt
- Salz und Pfeffer, nach Geschmack

Zubereitung:

1. Erhitze das Kokosöl in einem Topf bei mittlerer Hitze. Füge die gewürfelte Zwiebel und den gehackten Knoblauch hinzu und dünste sie für etwa 3 Minuten, bis sie glasig und weich sind.

2. Gib nun die Paprikawürfel, Kurkuma, Ingwer und Chili hinzu. Brate alles zusammen für weitere 3-4 Minuten, bis die Paprika etwas weich wird.

3. Füge die Kokosmilch und Gemüsebrühe hinzu, rühre alles gut um und bringe die Suppe zum Kochen. Lass sie dann bei niedriger Hitze für etwa 10 Minuten köcheln, damit die Aromen gut miteinander verschmelzen.

4. Nachdem die Suppe geköchelt hat, füge den Limettensaft, frischen Koriander, Salz und Pfeffer hinzu und rühre alles gut um. Abschmecken und bei Bedarf nachwürzen.

5. Serviere die Scharfe Paprika-Kokos-Suppe heiß in zwei Suppentellern und genieße das wohltuende, wärmende Aroma!

Salate

Quinoa-Beeren-Salat

Zubereitungszeit: 20 Minuten
Portionen: 2

Zutaten:

- 150 g Quinoa, gut gespült
- 250 ml Wasser
- 1/2 TL Salz
- 200 g gemischte Beeren (Erdbeeren, Heidelbeeren, Himbeeren), gewaschen und geputzt
- 1 kleine rote Zwiebel, fein gewürfelt
- 1 Bund frische Minze, fein gehackt
- 2 EL natives Olivenöl extra
- 2 EL frisch gepresster Bio-Zitronensaft
- 1 TL Honig
- 1 TL Dijon-Senf
- 1 Prise schwarzer Pfeffer
- 50 g gehackte Walnüsse, grob gehackt
- 2 EL Feta-Käse, zerbröckelt (optional)

Zubereitung:

1. Gib das gespülte Quinoa, Wasser und Salz in einen Topf und bringe es zum Kochen. Reduziere die Hitze und lass es bei niedriger Hitze etwa 15 Minuten köcheln, bis das Quinoa weich und das Wasser aufgesogen ist. Nimm den Topf vom Herd und lass das Quinoa abgedeckt noch etwa 5 Minuten ruhen.

2. Während das Quinoa kocht, bereite die Beeren vor. Schneide größere Beeren in mundgerechte Stücke und lasse die kleineren Beeren ganz.

3. In einer großen Schüssel vermischst du die gekochte Quinoa, die Beeren und die gewürfelte rote Zwiebel miteinander.

4. Für das Dressing verquirlst du Olivenöl, Zitronensaft, Honig, Dijon-Senf und eine Prise schwarzen Pfeffer in einer kleinen Schüssel. Gieße das Dressing über den Quinoa-Beeren-Salat und vermische alles gut miteinander.

5. Hebe nun die gehackte Minze, die Walnüsse und den zerbröckelten Feta-Käse (falls verwendet) unter den Salat.

6. Lass den Salat ein paar Minuten durchziehen, damit sich die Aromen verbinden. Schmecke den Salat eventuell nochmal mit Salz und Pfeffer ab und serviere ihn in einer schönen Schüssel oder auf Tellern.

Kichererbsen-Avocado-Salat

Zubereitungszeit: 20 Minuten
Portionen: 2

Zutaten:

- 200 g Kichererbsen, abgetropft und gut abgespült
- 1 reife Avocado, gewürfelt
- 200 g Cherrytomaten, halbiert
- 1 kleine rote Zwiebel, fein gewürfelt
- 1 Bund Koriander, frisch, grob gehackt
- 2 EL natives Olivenöl extra
- 1 EL Apfelessig
- 1 TL Dijon-Senf
- 1/2 TL Honig (optional)
- Saft von 1/2 Bio-Zitrone
- Salz und Pfeffer nach Geschmack

Zubereitung:

1. Bereite zuerst die Kichererbsen vor. Gib sie in eine Schüssel und lasse sie gut abtropfen und abspülen. Stelle sie beiseite.

2. Schneide die Avocado in Würfel und die Cherrytomaten in Hälften. Gib beides zu den Kichererbsen in die Schüssel.

3. Würfle die rote Zwiebel und hacke den Koriander grob. Füge beides zu den Kichererbsen, Avocado und Tomaten hinzu.

4. In einer separaten Schüssel bereitest du das Dressing zu. Vermische das Olivenöl, den Apfelessig, den Dijon-Senf, den Honig (falls gewünscht) und den Zitronensaft. Würze das Dressing mit Salz und Pfeffer nach deinem Geschmack.

5. Gieße das Dressing über den Salat und vermische alles gründlich, sodass alle Zutaten gut mit dem Dressing bedeckt sind.

6. Lass den Salat kurz ziehen, damit die Aromen sich entfalten können. Serviere den Kichererbsen-Avocado-Salat als leichte Hauptmahlzeit oder als Beilage.

Spinat-Granatapfel-Salat

Zubereitungszeit: 20 Minuten
Portionen: 2

Zutaten:

- 150 g frischer Spinat, gewaschen und trocken geschleudert
- 1 Granatapfel, entkernt
- 1 Avocado, geschält und in Würfel geschnitten
- 40 g Walnüsse, grob gehackt
- 1/2 rote Zwiebel, in feine Streifen geschnitten
- 2 EL natives Olivenöl extra
- 1 EL Apfelessig
- 1 TL Honig
- 1/2 TL Dijonsenf
- 1/4 TL Kurkuma
- Salz und Pfeffer zum Abschmecken

Zubereitung:

1. In einer großen Salatschüssel den gewaschenen Spinat mit den Granatapfelkernen, Avocadowürfeln, gehackten Walnüssen und fein geschnittenen roten Zwiebelstreifen vermischen.

2. Für das Dressing Olivenöl, Apfelessig, Honig und Dijonsenf in einer kleinen Schüssel verrühren. Anschließend Kurkuma hinzufügen und mit Salz und Pfeffer abschmecken.

3. Das Dressing über den Spinat-Granatapfel-Salat gießen und alles vorsichtig vermischen, sodass alle Zutaten gleichmäßig mit dem Dressing bedeckt sind.

4. Den Salat auf zwei Teller verteilen und sofort servieren.

Linsen-Rucola-Salat

Zubereitungszeit: 25 Minuten
Portionen: 2

Zutaten:

- 150 g grüne Linsen, gewaschen und abgetropft
- 1 Bund Rucola, gewaschen und grob gehackt
- 10 Kirschtomaten, halbiert
- 1 kleine rote Zwiebel, fein gewürfelt
- 1 Knoblauchzehe, gepresst
- 2 EL natives Olivenöl extra
- 1 EL Balsamico-Essig
- 1 TL Honig
- 1 TL Senf
- Salz und Pfeffer zum Abschmecken
- 1 EL frisch gehackte Petersilie
- 1 EL frisch gehackte Basilikumblätter
- 30 g gehackte Walnüsse

Zubereitung:

1. Koche die grünen Linsen in einem Topf mit Wasser für etwa 20 Minuten, bis sie weich, aber noch bissfest sind. Gieße sie ab und lasse sie kurz abkühlen.

2. Während die Linsen kochen, bereite das Dressing zu. Vermische dazu das Olivenöl, den Balsamico-Essig, Honig, Senf und gepressten Knoblauch in einer Schüssel. Schmecke das Dressing mit Salz und Pfeffer ab.

3. Nun mische die gekochten Linsen, Rucola, halbierte Kirschtomaten, gewürfelte rote Zwiebel und das Dressing in einer großen Schüssel. Verteile den Salat auf zwei Tellern.

4. Bestreue den Salat mit den gehackten Walnüssen, der frisch gehackten Petersilie und den Basilikumblättern.

5. Genieße den Linsen-Rucola-Salat sofort oder lasse ihn für ein paar Minuten im Kühlschrank durchziehen, um die Aromen noch intensiver zu machen.

Bunter Rote-Bete-Salat

Zubereitungszeit: 25 Minuten
Portionen: 2

Zutaten:

- 250 g gekochte Rote Bete, in Würfel geschnitten
- 150 g frische Ananas, geschält und in Stücke geschnitten
- 80 g Rucola, gewaschen und trocken geschleudert
- 100 g Feta, zerbröckelt
- 2 EL gehackte Walnüsse
- 1 EL Hanfsamen
- 1 TL abgeriebene Bio-Zitronenschale
- 1 EL Bio-Zitronensaft
- 2 EL natives Olivenöl extra
- Salz und Pfeffer, nach Geschmack

Zubereitung:

1. Du beginnst damit, die Rote Bete, die Ananas und den Rucola in einer großen Schüssel miteinander zu vermengen.

2. In einer separaten Schüssel zerbröckelst du den Feta und vermischst ihn mit den gehackten Walnüssen, den Hanfsamen und der abgeriebenen Zitronenschale. Verteile diese Mischung über den Salat in der großen Schüssel.

3. Jetzt bereitest du das Dressing zu: Mische in einer kleinen Schüssel den Zitronensaft mit dem Olivenöl und würze es mit Salz und Pfeffer nach deinem Geschmack. Gib das Dressing über den Salat und vermische alles gründlich miteinander.

4. Zum Schluss servierst du den bunten Rote-Bete-Salat auf zwei Tellern und lässt es dir schmecken!

Mediterraner Buchweizen-Salat

Zubereitungszeit: 20 Minuten
Portionen: 2

Zutaten:

- 150 g Buchweizen, gründlich gewaschen
- 300 ml Gemüsebrühe, heiß
- 1 TL natives Olivenöl extra
- 200 g Kirschtomaten, halbiert
- 1 kleine rote Zwiebel, fein gewürfelt
- 1 kleine gelbe Paprika, entkernt und gewürfelt
- 1 kleine Gurke, gewürfelt
- 10 schwarze Oliven, entsteint und halbiert
- 1 Handvoll frische Petersilie, grob gehackt
- 2 EL Bio-Zitronensaft
- 2 EL natives Olivenöl extra
- 1 TL Ahornsirup
- 1 Knoblauchzehe, fein gehackt
- Salz und Pfeffer nach Geschmack

Zubereitung:

1. Gib den gewaschenen Buchweizen in einen Topf und füge die heiße Gemüsebrühe hinzu. Lass den Buchweizen bei mittlerer Hitze für etwa 15 Minuten köcheln, bis er weich ist und die gesamte Flüssigkeit aufgenommen hat. Sobald der Buchweizen gar ist, nimm ihn vom Herd und lass ihn kurz abkühlen.

2. In der Zwischenzeit kannst du das Gemüse vorbereiten. Halbiere die Kirschtomaten, würfle die rote Zwiebel, die gelbe Paprika und die Gurke, und halbiere die schwarzen Oliven. Hacke die Petersilie grob und stelle alles beiseite.

3. Bereite das Dressing zu, indem du Zitronensaft, Olivenöl, Ahornsirup und fein gehackten Knoblauch in einer kleinen Schüssel miteinander vermischst. Schmecke das Dressing mit Salz und Pfeffer ab.

4. In einer großen Salatschüssel vermischst du nun den abgekühlten Buchweizen mit dem vorbereiteten Gemüse, den Oliven und der Petersilie. Gieße das Dressing darüber und vermische alles gründlich, sodass der Salat gleichmäßig mit dem Dressing bedeckt ist.

5. Lass den Salat für etwa 5 Minuten ziehen, damit die Aromen sich gut verbinden können. Schmecke den Salat nochmals ab und füge bei Bedarf noch etwas Salz oder Pfeffer hinzu.

Gurken-Dill-Salat mit Joghurt

Zubereitungszeit: 15 Minuten
Portionen: 2

Zutaten:

- 1 Salatgurke, gewaschen und in dünne Scheiben geschnitten
- 2 EL fein gehackter frischer Dill
- 150 g Joghurt (1,5% Fett)
- 1 Knoblauchzehe, fein gehackt
- 1 EL natives Olivenöl extra
- 1 EL Apfelessig
- 1 TL Honig
- 1 TL Senf
- Salz und Pfeffer nach Geschmack
- 2 EL gehackte Walnüsse
- 1 EL Granatapfelkerne

Zubereitung:

1. In einer großen Schüssel mischst du den Joghurt, den gehackten Knoblauch, das Olivenöl, den Apfelessig, den Honig und den Senf zu einer cremigen Sauce. Schmecke sie mit Salz und Pfeffer ab.

2. Füge nun die dünn geschnittenen Gurkenscheiben und den frisch gehackten Dill hinzu. Vermenge alles sorgfältig, sodass die Gurkenscheiben von der Joghurt-Sauce ummantelt werden.

3. Lass den Salat für etwa 5 Minuten ziehen, damit sich die Aromen entfalten können.

4. In der Zwischenzeit röstest du die gehackten Walnüsse in einer Pfanne ohne Fett für etwa 2 Minuten, bis sie leicht gebräunt sind und duftend. Lass sie kurz abkühlen.

5. Verteile den Gurken-Dill-Salat auf zwei Tellern, garniere ihn mit den gerösteten Walnüssen und den Granatapfelkernen. Fertig ist dein köstlicher und gesunder Salat!

Mango-Avocado-Salat

Zubereitungszeit: 20 Minuten
Portionen: 2

Zutaten:

- 1 reife Mango, geschält und in Würfel geschnitten
- 1 reife Avocado, geschält und in Würfel geschnitten
- 100 g Rucola, gewaschen und trocken geschleudert
- 100 g Cocktailtomaten, halbiert
- 50 g rote Zwiebel, fein gewürfelt
- 50 g Walnüsse, grob gehackt
- 2 EL natives Olivenöl extra
- 2 EL Bio-Zitronensaft, frisch gepresst
- 1 TL Honig
- 1 TL Dijon-Senf
- Salz und Pfeffer zum Abschmecken

Zubereitung:

1. Als erstes bereitest du die Früchte vor: Schäle die Mango und Avocado und schneide sie in gleichmäßige Würfel. Die Cocktailtomaten werden gewaschen und halbiert, während die rote Zwiebel fein gewürfelt wird.

2. Anschließend mischst du in einer großen Salatschüssel die Mango, Avocado, Rucola, Cocktailtomaten und die rote Zwiebel miteinander.

3. In einer kleinen Schüssel oder einem Schraubglas bereitest du das Dressing zu: Vermische das Olivenöl, den Zitronensaft, Honig und Dijon-Senf miteinander. Schmecke das Dressing mit Salz und Pfeffer ab und rühre oder schüttle es noch einmal gut durch.

4. Die gehackten Walnüsse gibst du nun in einer Pfanne ohne Fett bei mittlerer Hitze für einige Minuten an, bis sie leicht gebräunt und duftend sind. Achte darauf, dass sie nicht verbrennen! Nimm die Pfanne vom Herd und lasse die Walnüsse kurz abkühlen.

5. Gib das Dressing über den Salat und vermische alles vorsichtig miteinander, sodass alle Zutaten gleichmäßig mit dem Dressing benetzt sind. Zum Schluss verteilst du die gerösteten Walnüsse über den Salat.

Brokkoli-Nuss-Salat

Zubereitungszeit: 20 Minuten
Portionen: 2

Zutaten:

- 250 g Brokkoli, in kleine Röschen geschnitten
- 100 g gemischte Nüsse (z.B. Walnüsse, Mandeln, Haselnüsse), grob gehackt
- 1 Bund frische Petersilie, fein gehackt
- 1 mittelgroße rote Zwiebel, fein gewürfelt
- 1 Knoblauchzehe, fein gehackt
- 1 EL natives Olivenöl extra
- 2 EL frisch gepresster Bio-Zitronensaft
- 1 EL Apfelessig
- 1 TL Honig oder Ahornsirup
- 1/2 TL gemahlener Kurkuma
- Salz und Pfeffer nach Geschmack

Zubereitung:

1. Gib den geschnittenen Brokkoli in einen Dämpfeinsatz und dämpfe ihn für etwa 5 Minuten, bis er zart, aber noch bissfest ist. Alternativ kannst du den Brokkoli auch in einem Sieb über kochendem Wasser dämpfen. Lass den Brokkoli danach abkühlen.

2. In einer großen Schüssel die gehackten Nüsse, die fein gewürfelte Zwiebel und die gehackte Petersilie vermischen.

3. In einer kleinen Schüssel das Olivenöl, den Zitronensaft, den Apfelessig, den Honig oder Ahornsirup, den gemahlenen Kurkuma und die gehackte Knoblauchzehe miteinander verquirlen. Mit Salz und Pfeffer abschmecken.

4. Gib den abgekühlten Brokkoli zur Nussmischung in der großen Schüssel und vermische alles gut miteinander.

5. Gib nun das Dressing aus der kleinen Schüssel über den Salat und vermische alles erneut gründlich. Lass den Salat für etwa 10 Minuten ziehen, damit die Aromen sich gut verbinden können.

6. Vor dem Servieren den Salat nochmals abschmecken und eventuell mit etwas mehr Salz und Pfeffer nachwürzen.

Grünkohl-Himbeer-Salat

Zubereitungszeit: 20 Minuten
Portionen: 2

Zutaten:

- 200 g Grünkohl, gewaschen, von den Stielen entfernt und in mundgerechte Stücke zerrissen
- 150 g Himbeeren, frisch und gewaschen
- 100 g Rote Bete, gekocht und in Würfel geschnitten
- 50 g Walnüsse, grob gehackt
- 2 EL natives Olivenöl extra
- 1 EL Apfelessig
- 1 TL Senf, mittelscharf
- 1 TL Honig
- Salz und Pfeffer, nach Geschmack

Zubereitung:

1. Zunächst nimmst du den gewaschenen und zerkleinerten Grünkohl und massierst ihn mit 1 EL Olivenöl in einer großen Schüssel. Durch das Massieren wird der Grünkohl zarter und geschmackvoller. Lass den Grünkohl dann etwa 5 Minuten ruhen.

2. Während der Grünkohl ruht, bereitest du das Dressing vor. Vermische in einer kleinen Schüssel 1 EL Olivenöl, Apfelessig, Senf, Honig und würze mit Salz und Pfeffer nach Geschmack. Rühre das Dressing gut um, bis es eine homogene Konsistenz erreicht hat.

3. Nun fügst du die Himbeeren und die gewürfelte Rote Bete zum Grünkohl hinzu. Gib das Dressing darüber und vermische alles vorsichtig, sodass die Zutaten gut miteinander vermischt sind, aber die Himbeeren nicht zerdrückt werden.

4. Zum Schluss bestreust du den Salat mit den grob gehackten Walnüssen und servierst ihn auf zwei Tellern. Guten Appetit!

Smoothies

Grüner Ananas-Kale-Smoothie

Zubereitungszeit: 10 Minuten
Portionen: 2

Zutaten:

- 200 g frische Ananas, in Stücken geschnitten
- 100 g Grünkohl (Kale), grob gehackt und ohne harten Stiele
- 1 reife Avocado, halbiert, entkernt und Fruchtfleisch ausgelöst
- 20 g frische Minze, grob gehackt
- 10 g Ingwer, geschält und in Scheiben geschnitten
- 1 EL Chiasamen
- 1 TL Kurkuma
- 1 Prise frisch gemahlener schwarzer Pfeffer
- 250 ml ungesüßte Mandelmilch
- 2 EL frisch gepresster Bio-Limettensaft
- 1 TL Agavendicksaft (optional)

Zubereitung:

1. Nimm zuerst die Ananasstücke, den Grünkohl, die Avocado, die Minze und den Ingwer und gib sie in einen leistungsstarken Mixer.

2. Füge nun die Chiasamen, Kurkuma, den frisch gemahlenen schwarzen Pfeffer, die Mandelmilch und den Limettensaft hinzu. Falls du es etwas süßer magst, kannst du auch den Agavendicksaft dazugeben.

3. Mixe alles gründlich, bis eine cremige und homogene Konsistenz entsteht. Je nach persönlicher Vorliebe und gewünschter Konsistenz kannst du noch etwas mehr Mandelmilch hinzufügen, um den Smoothie flüssiger zu gestalten.

4. Fülle den fertigen grünen Ananas-Kale-Smoothie in zwei Gläser und genieße ihn sofort, um alle wertvollen Nährstoffe und Vitamine optimal aufzunehmen.

Heidelbeer-Ingwer-Smoothie

Zubereitungszeit: 10 Minuten
Portionen: 2

Zutaten:

- 200 g Heidelbeeren, frisch oder TK, gewaschen
- 20 g Ingwer, geschält und fein gerieben
- 200 ml Kokosmilch, ungesüßt
- 1 EL Honig oder Agavendicksaft (optional, nach Geschmack)
- 2 TL Bio-Zitronensaft, frisch gepresst
- 1 Prise gemahlene Kurkuma
- 1 TL Chiasamen
- 4 Eiswürfel (optional, nur bei frischen Heidelbeeren)

Zubereitung:

1. Zuerst den Ingwer schälen und fein reiben. Achte darauf, nur das gelbe Innere zu verwenden und die faserigen Teile zu entfernen.

2. Anschließend die Heidelbeeren waschen und abtropfen lassen. Falls du TK-Heidelbeeren verwendest, diese kurz antauen lassen, bevor sie zum Smoothie hinzugefügt werden.

3. Die Kokosmilch, den geriebenen Ingwer, die Heidelbeeren, den Honig oder Agavendicksaft, den Zitronensaft und die gemahlene Kurkuma in einen Mixer geben.

4. Die Chiasamen hinzufügen und alles auf höchster Stufe für etwa 30 Sekunden mixen, bis eine gleichmäßige, cremige Konsistenz entsteht.

5. Wenn du frische Heidelbeeren verwendet hast und einen kühleren Smoothie möchtest, füge nun die Eiswürfel hinzu und mixe erneut für etwa 10 Sekunden.

6. Den Heidelbeer-Ingwer-Smoothie auf zwei Gläser verteilen und sofort genießen. Du kannst den Smoothie auch mit ein paar frischen Heidelbeeren oder etwas geriebenem Ingwer garnieren, wenn du möchtest.

Rote-Bete-Apfel-Smoothie

Zubereitungszeit: 10 Minuten
Portionen: 2

Zutaten:

- 200 g Rote Bete, gekocht und gewürfelt
- 1 großer Apfel, entkernt und in Stücke geschnitten
- 200 ml Kokosmilch
- 1 EL frisch gepresster Ingwersaft
- 1 TL Bio-Zitronenschale, fein gerieben
- 1 EL Honig oder Ahornsirup (optional)
- 1 EL frisch gehackte Minze
- 1 TL Chiasamen
- 1 Prise Zimt
- 200 ml kaltes Wasser
- Eiswürfel nach Belieben

Zubereitung:

1. Nimm die gekochte und gewürfelte Rote Bete und den in Stücke geschnittenen Apfel und gib sie zusammen in einen leistungsstarken Mixer.

2. Gieße die Kokosmilch hinzu, um eine cremige Textur zu erzielen und für einen Hauch von Exotik zu sorgen. Du wirst von der Kombination begeistert sein!

3. Füge den frisch gepressten Ingwersaft und die fein geriebene Zitronenschale hinzu, um dem Smoothie eine erfrischende Schärfe zu verleihen. Deine Geschmacksnerven werden es dir danken!

4. Süße den Smoothie mit Honig oder Ahornsirup, wenn du es etwas süßer magst. Das ist natürlich optional, je nach persönlichem Geschmack.

5. Gib die frisch gehackte Minze und die Chiasamen in den Mixer und verleihe deinem Smoothie eine leichte, erfrischende Note und zusätzliche Nährstoffe.

6. Würze den Smoothie mit einer Prise Zimt für eine besondere Geschmacksnuance, die perfekt zur Rote Bete und zum Apfel passt.

7. Gib 200 ml kaltes Wasser hinzu, um die gewünschte Konsistenz zu erreichen, und mixe alles gut durch, bis eine gleichmäßige Mischung entsteht.

8. Füge nach Belieben Eiswürfel hinzu und mixe erneut, um deinen Smoothie eiskalt und besonders erfrischend zu machen.

9. Gieße den fertigen Rote-Bete-Apfel-Smoothie in zwei Gläser und genieße ihn sofort.

Mango-Kurkuma-Smoothie

Zubereitungszeit: 10 Minuten
Portionen: 2

Zutaten:

- 1 reife Mango, geschält und in Würfel geschnitten
- 1 kleines Stück Ingwer (ca. 2 cm), geschält und fein gehackt
- 1 TL frisch geriebene Kurkuma
- 250 ml Kokosmilch, gut geschüttelt
- 1 EL frisch gepresster Bio-Limettensaft
- 1 EL Honig oder Ahornsirup
- 1 TL Chiasamen
- 1 Prise frisch gemahlener schwarzer Pfeffer
- 2 EL gehackte frische Minze, zum Garnieren
- 1 TL Kokosraspeln, zum Garnieren

Zubereitung:

1. Gib die Mango, den Ingwer und die geriebene Kurkuma in einen leistungsstarken Mixer.

2. Füge die Kokosmilch, den Limettensaft und den Honig oder Ahornsirup hinzu. Mixe alles gut durch, bis eine cremige, homogene Konsistenz entsteht.

3. Schmecke den Smoothie ab und füge bei Bedarf noch etwas Süße oder Limettensaft hinzu. Gib dann die Chiasamen hinzu und mixe erneut kurz durch.

4. Verteile den Mango-Kurkuma-Smoothie in zwei Gläser. Bestreue jeden Smoothie mit einer Prise frisch gemahlenem schwarzen Pfeffer.

5. Garniere die Gläser mit gehackter Minze und Kokosraspeln und serviere sie sofort.

Papaya-Spinat-Smoothie

Zubereitungszeit: 10 Minuten
Portionen: 2

Zutaten:

- 1 reife Papaya, geschält, entkernt und in grobe Stücke geschnitten (ca. 250 g)
- 150 g frischer Spinat, gründlich gewaschen und grob gehackt
- 200 ml Kokoswasser, gut gekühlt
- 2 EL Chiasamen, für 10 Minuten in 50 ml Wasser eingeweicht
- 1 TL Ingwerpulver
- 1 TL Kurkumapulver
- 1 Prise schwarzer Pfeffer
- 1 EL frischer Bio-Zitronensaft
- 1 TL Honig (optional)

Zubereitung:

1. Gib die Papaya-Stücke und den gehackten Spinat in einen leistungsstarken Mixer.

2. Füge das gut gekühlte Kokoswasser hinzu, um die gewünschte Konsistenz zu erreichen.

3. Schütte nun die eingeweichten Chiasamen samt Wasser in den Mixer. Das Einweichen macht die Chiasamen leichter verdaulich und sorgt für eine schönere Textur im Smoothie.

4. Würze den Smoothie mit Ingwerpulver, Kurkumapulver und einer Prise schwarzem Pfeffer. Der Pfeffer erhöht die Bioverfügbarkeit des entzündungshemmenden Wirkstoffs Curcumin aus dem Kurkuma.

5. Gib den frischen Zitronensaft hinzu, um dem Smoothie eine erfrischende Säure zu verleihen. Falls gewünscht, süße den Smoothie mit einem Teelöffel Honig.

6. Mixe alles auf höchster Stufe für etwa 1 Minute, bis der Smoothie cremig und sämig wird. Probiere den Smoothie und passe die Konsistenz oder Süße nach Bedarf an.

7. Fülle den fertigen Papaya-Spinat-Smoothie in zwei Gläser und genieße ihn sofort, um alle Nährstoffe und Aromen optimal aufzunehmen.

Kirsch-Haferflocken-Smoothie

Zubereitungszeit: 10 Minuten
Portionen: 2

Zutaten:

- 150 g entsteinte süße Kirschen (frisch oder aufgetaut)
- 50 g zarte Haferflocken
- 200 ml Mandelmilch, ungesüßt
- 1 EL Chiasamen
- 1 TL frisch geriebener Ingwer
- 2 EL frisch gepresster Bio-Zitronensaft
- 1/2 TL gemahlener Kurkuma
- 1 Prise frisch gemahlener schwarzer Pfeffer
- 2 EL kaltgepresstes Leinöl
- 1 EL Honig oder Agavendicksaft (optional, je nach Süße der Kirschen)

Zubereitung:

1. Entsteine zuerst die Kirschen, falls du frische verwendest. Falls du gefrorene Kirschen verwendest, lasse sie kurz auftauen.

2. Gib die Haferflocken, die Kirschen, die Mandelmilch, den frisch geriebenen Ingwer, den Zitronensaft, den gemahlenen Kurkuma und die Chiasamen in einen leistungsstarken Mixer.

3. Füge nun eine Prise frisch gemahlenen schwarzen Pfeffer hinzu, der die Aufnahme des Kurkumins aus dem Kurkuma unterstützt.

4. Mixe alles gut durch, bis eine cremige Konsistenz entsteht. Falls der Smoothie zu dickflüssig ist, gib etwas mehr Mandelmilch hinzu, bis die gewünschte Konsistenz erreicht ist.

5. Schalte den Mixer aus, und gib das kaltgepresste Leinöl hinzu. Mixe nochmals kurz, um das Öl gut zu verteilen.

6. Schmecke den Smoothie ab, und süße ihn bei Bedarf mit etwas Honig oder Agavendicksaft.

7. Gieße den Kirsch-Haferflocken-Smoothie in zwei Gläser, und genieße ihn sofort.

Himbeer-Avocado-Smoothie

Zubereitungszeit: 10 Minuten
Portionen: 2

Zutaten:

- 150 g frische Himbeeren, gewaschen
- 1 reife Avocado, geschält und entkernt
- 250 ml Kokoswasser
- 1 EL Chiasamen
- 1 TL frisch geriebener Ingwer
- 1 EL frisch gepresster Bio-Zitronensaft
- 1 EL Honig (oder Agavendicksaft für Veganer)
- Eine Prise Zimt
- 4-6 Eiswürfel

Zubereitung:

1. Du beginnst damit, die Himbeeren und die Avocado in den Mixer zu geben.

2. Füge nun das Kokoswasser hinzu und mixe alles zusammen, bis eine geschmeidige Konsistenz entsteht.

3. Gib die Chiasamen, den frisch geriebenen Ingwer, den Zitronensaft und den Honig (oder Agavendicksaft) in den Mixer und mixe alles noch einmal gründlich durch.

4. Jetzt ist es an der Zeit, eine Prise Zimt hinzuzufügen und die Eiswürfel in den Mixer zu geben. Mixe alles noch einmal, bis die Eiswürfel zerkleinert sind und der Smoothie eine angenehme, leicht kühle Temperatur hat.

5. Fertig ist dein erfrischender Himbeer-Avocado-Smoothie! Verteile den Smoothie auf zwei Gläser und genieße ihn sofort, damit die enthaltenen Nährstoffe optimal erhalten bleiben.

Brombeer-Chia-Smoothie

Zubereitungszeit: 10 Minuten
Portionen: 2

Zutaten:

- 300 g frische Brombeeren, gewaschen
- 2 EL Chiasamen, für 10 Minuten in 50 ml Wasser eingeweicht
- 200 ml Kokosmilch, gut geschüttelt
- 1 EL frischer Ingwer, fein gerieben
- 1 TL Honig oder Ahornsirup, nach Geschmack
- 1 EL Bio-Zitronensaft, frisch gepresst
- 1 Prise gemahlener Kurkuma
- 150 g frischer Spinat, gründlich gewaschen
- 4 Eiswürfel

Zubereitung:

1. Gib die gewaschenen Brombeeren in den Mixer. Füge die eingeweichten Chiasamen samt Wasser hinzu und mixe alles kurz durch.

2. Jetzt ist es Zeit für die Kokosmilch. Gieße sie vorsichtig dazu und mixe erneut, bis alles gut miteinander vermischt ist.

3. Bringe einen Hauch Exotik in den Smoothie, indem du den frisch geriebenen Ingwer, den Honig oder Ahornsirup, den Zitronensaft und die Prise gemahlener Kurkuma hinzufügst. Mixe alles erneut, bis eine gleichmäßige Konsistenz entsteht.

4. Schließlich füge den frischen Spinat hinzu und mixe das Ganze ein letztes Mal gründlich durch, bis der Smoothie cremig und ohne Stückchen ist.

5. Verteile die Eiswürfel auf zwei Gläser und gieße den Brombeer-Chia-Smoothie darüber. Probiere den Smoothie und füge bei Bedarf noch etwas Honig oder Ahornsirup hinzu.

6. Genieße den köstlichen und erfrischenden Brombeer-Chia-Smoothie sofort. Lass es dir schmecken!

Süßkartoffel-Banane-Smoothie

Zubereitungszeit: 10 Minuten
Portionen: 2

Zutaten:

- 200 g Süßkartoffel, geschält und in groben Stücken
- 2 reife Bananen, geschält und in Stücken
- 300 ml Mandelmilch, ungesüßt
- 2 EL Chiasamen
- 1 TL Ingwer, fein gerieben
- 1 EL Honig oder Ahornsirup (optional)
- 1 Prise Zimt
- 1 Handvoll frische Minzblätter
- 1 EL Leinsamenöl
- 4 Eiswürfel

Zubereitung:

1. Zuerst die Süßkartoffel schälen und in grobe Stücke schneiden. Dann die Bananen schälen und ebenfalls in Stücke teilen.

2. Die Süßkartoffelstücke und die Bananenstücke gemeinsam mit der Mandelmilch in einen Mixer geben. Auf höchster Stufe pürieren, bis alles schön cremig ist.

3. Nun den Ingwer fein reiben und zusammen mit den Chiasamen, Honig oder Ahornsirup (falls gewünscht), Zimt, Minzblättern und Leinsamenöl zum Mixer hinzufügen. Alles nochmals kurz auf mittlerer Stufe mixen, bis alle Zutaten gut vermischt sind.

4. Zum Schluss die Eiswürfel hinzufügen und den Smoothie auf höchster Stufe mixen, bis die Eiswürfel zerkleinert sind und der Smoothie die gewünschte Konsistenz erreicht hat.

5. Den fertigen Süßkartoffel-Banane-Smoothie in zwei Gläser füllen und sofort genießen!

Kokos-Granatapfel-Smoothie

Zubereitungszeit: 10 Minuten
Portionen: 2

Zutaten:

- 200 ml Kokosmilch, gut geschüttelt
- 150 g Granatapfelkerne, frisch ausgelöst
- 1 reife Avocado, geschält und entkernt
- 2 EL Agavendicksaft
- 1 EL frisch gepresster Bio-Limettensaft
- 1 TL frisch geriebener Ingwer
- 1 Prise gemahlener Kurkuma
- 4 Eiswürfel
- 2 EL Kokosraspeln, zum Dekorieren

Zubereitung:

1. Gib die Kokosmilch, Granatapfelkerne, Avocado, Agavendicksaft, Limettensaft, Ingwer und Kurkuma in einen leistungsstarken Mixer.

2. Mixe alles auf höchster Stufe, bis eine cremige und homogene Masse entsteht. Falls nötig, kannst du zwischendurch den Mixer anhalten und die Zutaten mit einem Spatel vom Rand nach unten schieben, um sicherzustellen, dass alles gut vermischt wird.

3. Füge die Eiswürfel hinzu und mixe erneut, bis sie vollständig zerkleinert sind und der Smoothie eine angenehme Konsistenz hat.

4. Verteile den Smoothie auf zwei Gläser und garniere mit den Kokosraspeln. Genieße diesen erfrischenden und entzündungshemmenden Kokos-Granatapfel-Smoothie sofort!

Aufstriche

Avocado-Hummus

Zubereitungszeit: 15 Minuten
Portionen: 2

Zutaten:

- 1 reife Avocado, halbiert, entkernt und das Fruchtfleisch herausgelöst
- 200 g Kichererbsen, gekocht und abgetropft
- 2 EL Tahini (Sesampaste)
- Saft von 1 Bio-Zitrone, frisch gepresst
- 1 Knoblauchzehe, geschält und fein gehackt
- 1 EL natives Olivenöl extra
- 1/4 TL Kreuzkümmel, gemahlen
- 1/4 TL Paprikapulver, edelsüß
- 1/2 TL Salz
- 1/4 TL Pfeffer, frisch gemahlen
- 2 EL frische Petersilie, fein gehackt
- 1 EL Wasser, bei Bedarf

Zubereitung:

1. Du beginnst, indem du die Avocado und die Kichererbsen in die Schüssel einer Küchenmaschine oder eines leistungsstarken Mixers gibst. Lass sie kurz pürieren, bis eine grobe Masse entsteht.

2. Füge nun das Tahini, den frisch gepressten Zitronensaft und den fein gehackten Knoblauch hinzu. Püriere die Mischung erneut, bis sie glatt und cremig ist.

3. Gib das Olivenöl, den gemahlenen Kreuzkümmel, das edelsüße Paprikapulver, Salz und Pfeffer in die Schüssel. Püriere alles nochmals, bis die Zutaten gut vermischt sind und eine homogene Masse entsteht.

4. Sollte der Avocado-Hummus zu dickflüssig sein, kannst du 1 EL Wasser hinzufügen und nochmals mixen, bis die gewünschte Konsistenz erreicht ist.

5. Zum Schluss fügst du die fein gehackte Petersilie hinzu und rührst sie mit einem Löffel unter den Avocado-Hummus.

6. Fertig ist dein köstlicher Avocado-Hummus! Serviere ihn in einer Schale und genieße ihn mit frischem Gemüse oder knusprigem Brot.

Linsen-Paprika-Aufstrich

Zubereitungszeit: 15 Minuten
Portionen: 2

Zutaten:

- 100 g rote Linsen, abgespült und abgetropft
- 1 rote Paprika, gewaschen, entkernt und in kleine Stücke geschnitten
- 1 kleine Zwiebel, geschält und fein gewürfelt
- 2 EL natives Olivenöl extra
- 2 EL Bio-Zitronensaft
- 1 TL getrockneter Basilikum
- 1 TL getrockneter Oregano
- 1 TL Paprikapulver, edelsüß
- 1/2 TL Kurkuma
- 1 kleine Knoblauchzehe, geschält und fein gehackt
- Salz und Pfeffer nach Geschmack

Zubereitung:

1. Koche die roten Linsen nach Packungsanleitung in einem kleinen Topf, bis sie weich sind. Gieße sie dann ab und lass sie abkühlen.

2. Während die Linsen abkühlen, erhitzt du 1 EL Olivenöl in einer Pfanne und gibst die Zwiebeln hinein. Dünste sie glasig an und füge dann die Paprikastücke hinzu. Lass alles für etwa 5 Minuten bei mittlerer Hitze köcheln, bis die Paprika weich ist.

3. Gib die abgekühlten Linsen, die Paprika-Zwiebel-Mischung, den restlichen 1 EL Olivenöl, Zitronensaft, Basilikum, Oregano, Paprikapulver, Kurkuma und Knoblauch in eine Küchenmaschine oder einen Mixer. Püriere alles zu einer gleichmäßigen, cremigen Konsistenz. Schmecke den Aufstrich mit Salz und Pfeffer ab.

4. Fülle den Linsen-Paprika-Aufstrich in eine Schüssel und serviere ihn mit frischem Gemüse, Crackern oder Brot. Du kannst ihn auch in einem verschließbaren Behälter im Kühlschrank aufbewahren und später genießen.

Zucchini-Tomaten-Pesto

Zubereitungszeit: 15 Minuten
Portionen: 2

Zutaten:

- 1 mittelgroße Zucchini, gewaschen und in kleine Würfel geschnitten
- 150 g Kirschtomaten, halbiert
- 50 g Walnüsse, grob gehackt
- 1 Knoblauchzehe, gepresst
- 1 kleine rote Zwiebel, fein gewürfelt
- 1 EL natives Olivenöl extra
- 1 EL Balsamico-Essig
- 1 TL Dijon-Senf
- 1 Prise Salz
- 1 Prise frisch gemahlener schwarzer Pfeffer
- 1 EL gehackte frische Basilikumblätter

Zubereitung:

1. In einer großen Pfanne das Olivenöl auf mittlerer Hitze erhitzen. Die Zwiebel und den Knoblauch hinzufügen und 2-3 Minuten dünsten, bis die Zwiebel weich und glasig ist.

2. Die Zucchini und die Kirschtomaten zur Pfanne hinzufügen und weitere 5-7 Minuten köcheln lassen, bis die Zucchini gar, aber noch bissfest sind und die Tomaten leicht eingedickt sind.

3. In der Zwischenzeit die Walnüsse in einer kleinen, trockenen Pfanne bei mittlerer Hitze leicht rösten, bis sie duftend und leicht gebräunt sind. Beiseite stellen.

4. Die Zucchini-Tomaten-Mischung von der Hitze nehmen und leicht abkühlen lassen. Anschließend zusammen mit den gerösteten Walnüssen, dem Balsamico-Essig, dem Dijon-Senf, dem Salz und dem Pfeffer in einen Mixer oder eine Küchenmaschine geben und zu einem groben Pesto verarbeiten.

5. Das Pesto in eine Schüssel geben und das frische Basilikum unterrühren. Abschmecken und gegebenenfalls mit mehr Salz und Pfeffer würzen.

Kürbis-Kokos-Aufstrich

Zubereitungszeit: 20 Minuten
Portionen: 2

Zutaten:

- 200 g Hokkaido-Kürbis, gewaschen, entkernt und in kleine Würfel geschnitten
- 100 ml Kokosmilch
- 1 EL Kokosöl
- 1 TL frisch gepresster Bio-Limettensaft
- 1 TL frisch geriebener Ingwer
- 1/2 TL gemahlener Kurkuma
- 1/2 TL Kreuzkümmel
- 1 EL frisch gehackte Korianderblätter
- Salz und Pfeffer nach Geschmack

Zubereitung:

1. Erhitze das Kokosöl in einer Pfanne bei mittlerer Hitze. Füge die Kürbiswürfel hinzu und brate sie für etwa 5 Minuten an, bis sie leicht gebräunt und weich sind.

2. Gib den geriebenen Ingwer, Kurkuma und Kreuzkümmel in die Pfanne. Rühre alles gut um und brate die Gewürze für etwa 1 Minute mit den Kürbiswürfeln, um die Aromen zu entfalten.

3. Jetzt kommt die Kokosmilch ins Spiel. Gieße sie vorsichtig in die Pfanne und verrühre sie mit den Kürbiswürfeln und Gewürzen. Lasse die Mischung für etwa 5 Minuten köcheln, bis die Kürbiswürfel richtig weich sind und die Kokosmilch leicht eingedickt ist.

4. Nimm die Pfanne vom Herd und lasse die Kürbismischung etwas abkühlen. Gib dann den Limettensaft und die gehackten Korianderblätter hinzu. Schmecke den Aufstrich mit Salz und Pfeffer ab.

5. Püriere die Kürbismischung mit einem Stabmixer oder in einem Standmixer, bis sie eine glatte, cremige Konsistenz hat.

6. Fülle den Kürbis-Kokos-Aufstrich in ein sauberes Glas oder eine Schüssel und lasse ihn im Kühlschrank vollständig abkühlen, bevor du ihn genießt.

Rote-Bete-Meerrettich-Aufstrich

Zubereitungszeit: 15 Minuten
Portionen: 2

Zutaten:

- 150 g gekochte und geschälte Rote Bete, grob gewürfelt
- 50 g frischer Meerrettich, fein gerieben
- 100 g Naturjoghurt (1,5 % Fett)
- 2 EL frisch gepresster Bio-Zitronensaft
- 1 EL natives Olivenöl extra
- 1 TL Dijon-Senf
- Salz und Pfeffer, nach Geschmack
- 1 EL frisch gehackte Petersilie
- 1 EL frisch gehackter Schnittlauch
- 1 Knoblauchzehe, fein gehackt

Zubereitung:

1. In einer mittelgroßen Schüssel die gewürfelte Rote Bete, geriebenen Meerrettich, Naturjoghurt, Zitronensaft, Olivenöl und Dijon-Senf miteinander vermengen.

2. Die fein gehackte Knoblauchzehe hinzufügen und alles gut miteinander verrühren, sodass eine homogene Masse entsteht.

3. Nun mit Salz und Pfeffer abschmecken, je nach persönlicher Vorliebe.

4. Anschließend die frisch gehackte Petersilie und den Schnittlauch unterrühren und alles noch einmal gut vermischen.

5. Den Rote-Bete-Meerrettich-Aufstrich für etwa 10 Minuten im Kühlschrank ziehen lassen, damit die Aromen sich entfalten können.

6. Vor dem Servieren den Aufstrich nochmals umrühren und nach Belieben mit frischen Kräutern oder einem Spritzer Zitronensaft garnieren.

Spinat-Knoblauch-Dip

Zubereitungszeit: 15 Minuten
Portionen: 2

Zutaten:

- 150 g frischer Spinat, gewaschen und grob gehackt
- 1 Knoblauchzehe, fein gehackt
- 100 g Hüttenkäse
- 50 g Walnüsse, grob gehackt
- 2 EL natives Olivenöl extra
- 1 EL Bio-Zitronensaft
- 1 TL Honig
- 1/2 TL Salz
- 1/4 TL frisch gemahlener schwarzer Pfeffer
- 1 EL frische Petersilie, fein gehackt
- 1 EL frische Minze, fein gehackt

Zubereitung:

1. Gib zuerst den frischen Spinat und die fein gehackte Knoblauchzehe in eine große Schüssel. Vermische beides gut miteinander, um den Knoblauch gleichmäßig im Spinat zu verteilen.

2. Füge nun den Hüttenkäse, die grob gehackten Walnüsse, das Olivenöl, den Zitronensaft, den Honig, das Salz und den frisch gemahlenen schwarzen Pfeffer hinzu. Vermenge alles gründlich miteinander, sodass alle Zutaten gut durchmischt sind und die Aromen harmonieren.

3. Anschließend hebe die fein gehackte Petersilie und Minze unter den Dip, um ihm eine frische und würzige Note zu verleihen.

4. Lass den Spinat-Knoblauch-Dip für etwa 5 Minuten ziehen, damit sich die Aromen noch besser entfalten können. Rühre vor dem Servieren noch einmal kurz durch und schmecke den Dip gegebenenfalls mit etwas mehr Salz, Pfeffer oder Zitronensaft ab.

5. Serviere den Spinat-Knoblauch-Dip mit knackigem Gemüse, wie zum Beispiel Karotten, Gurken oder Paprika, oder mit Vollkornbrot. Guten Appetit!

Karotten-Walnuss-Aufstrich

Zubereitungszeit: 15 Minuten
Portionen: 2

Zutaten:

- 200 g Karotten, geschält und grob geraspelt
- 50 g Walnüsse, grob gehackt
- 100 g Sojajoghurt, ungesüßt
- 2 EL natives Olivenöl extra
- 1 EL Apfelessig
- 1 EL Ahornsirup
- 1 TL Dijon-Senf
- 1/2 TL frischer Ingwer, fein gerieben
- Salz und Pfeffer, nach Geschmack
- 1 EL frische Petersilie, fein gehackt
- 1 EL frische Minze, fein gehackt

Zubereitung:

1. Gib die grob geraspelten Karotten und die grob gehackten Walnüsse in eine große Schüssel.

2. In einer kleinen Schüssel vermischt du den Sojajoghurt, das Olivenöl, den Apfelessig, den Ahornsirup und den Dijon-Senf miteinander. Gib den fein geriebenen Ingwer hinzu und rühre alles gut durch.

3. Gieße die Joghurtmischung über die Karotten und Walnüsse und vermische alles sorgfältig, sodass die Karotten und Walnüsse gleichmäßig von der Joghurtmischung ummantelt sind.

4. Schmecke den Aufstrich mit Salz und Pfeffer ab und hebe die fein gehackte Petersilie und Minze unter.

5. Lass den Aufstrich für etwa 5 Minuten ziehen, damit die Aromen der Kräuter und Gewürze sich entfalten können.

6. Serviere den Karotten-Walnuss-Aufstrich auf frischem Brot oder als Dip zu Gemüsesticks.

Brokkoli-Mandel-Aufstrich

Zubereitungszeit: 20 Minuten
Portionen: 2

Zutaten:

- 200 g Brokkoli, in Röschen zer-teilt und gewaschen
- 50 g Mandeln, grob gehackt
- 2 EL natives Olivenöl extra
- 1 kleine Knoblauchzehe, fein gehackt
- 1 EL Bio-Zitronensaft
- 1 TL Honig
- 2 EL Tahin (Sesammus)
- Salz und Pfeffer nach Geschmack
- 1 EL gehackte Petersilie, zum Garnieren

Zubereitung:

1. Dämpfe zunächst den Brokkoli in einem Dampfgarer oder einem Siebeinsatz über einem Topf mit kochendem Wasser für etwa 5 Minuten, bis er weich ist, aber noch etwas Biss hat. Lass den Brokkoli dann kurz abkühlen.

2. In der Zwischenzeit röste die grob gehackten Mandeln in einer Pfanne ohne Fett bei mittlerer Hitze. Achte darauf, dass sie nicht zu dunkel werden und nimm sie aus der Pfanne, sobald sie leicht gebräunt sind.

3. Gib das Olivenöl in die Pfanne und füge den fein gehackten Knoblauch hinzu. Dünste ihn bei niedriger Hitze für etwa 1 Minute, bis er weich ist und sein Aroma entfaltet hat.

4. Nun ist es Zeit, alle Zutaten zu einem cremigen Aufstrich zu verarbeiten. Gib den abgekühlten Brokkoli, die gerösteten Mandeln, den Knoblauch mit dem Olivenöl, den Zitronensaft, den Honig und das Tahin in eine Küchenmaschine oder einen Mixer. Mixe alles, bis eine glatte und cremige Masse entsteht. Schmecke den Aufstrich mit Salz und Pfeffer ab und verfeinere ihn gegebenenfalls noch mit etwas mehr Zitronensaft oder Honig.

5. Fülle den fertigen Brokkoli-Mandel-Aufstrich in eine Schale und garniere ihn mit der gehackten Petersilie. Der Aufstrich schmeckt hervorragend auf frischem Brot.

Auberginen-Kichererbsen-Creme

Zubereitungszeit: 20 Minuten
Portionen: 2

Zutaten:

- 1 mittelgroße Aubergine, gewaschen und in kleine Würfel geschnitten
- 200 g Kichererbsen, gekocht und abgetropft
- 2 EL natives Olivenöl extra
- 1 Knoblauchzehe, fein gehackt
- 1/2 TL Kreuzkümmel, gemahlen
- 1/2 TL Paprikapulver, edelsüß
- 1 EL Bio-Zitronensaft, frisch gepresst
- 1 EL Tahini (Sesampaste)
- Salz und Pfeffer nach Geschmack
- 2 EL frische Petersilie, fein gehackt
- 1 TL Sesamsamen, zum Garnieren

Zubereitung:

1. Erhitze in einer Pfanne 1 EL Olivenöl und gib die Auberginenwürfel hinein. Brate sie bei mittlerer Hitze unter gelegentlichem Rühren an, bis sie weich und leicht gebräunt sind. Das sollte etwa 10 Minuten dauern.

2. Gib die gehackte Knoblauchzehe hinzu und brate sie für 1-2 Minuten mit den Auberginen, bis der Knoblauch duftet und leicht gebräunt ist.

3. Füge die Kichererbsen, den Kreuzkümmel und das Paprikapulver hinzu. Vermische alles gut und brate es nochmals für etwa 2-3 Minuten.

4. Nimm die Pfanne vom Herd und lass die Mischung etwas abkühlen.

5. Gib die abgekühlte Mischung zusammen mit dem Zitronensaft, Tahini und dem restlichen EL Olivenöl in eine Küchenmaschine oder einen Mixer. Püriere alles, bis eine glatte Creme entsteht. Schmecke die Creme mit Salz und Pfeffer ab.

6. Fülle die Auberginen-Kichererbsen-Creme in eine Schüssel oder ein Schälchen. Bestreue sie mit der fein gehackten Petersilie und den Sesamsamen.

Mango-Curry-Aufstrich

Zubereitungszeit: 15 Minuten
Portionen: 2

Zutaten:

- 1 reife Mango, geschält und gewürfelt
- 150 g Joghurt, z.B. Sojajoghurt für eine laktosefreie Variante
- 1 EL frisch gehackter Koriander
- 1/2 TL Currypulver
- 1/4 TL Kurkuma
- 1/4 TL gemahlener Ingwer
- 1/2 TL abgeriebene Bio-Zitronenschale
- 1 EL Bio-Zitronensaft
- 1 EL natives Olivenöl extra
- 1/2 TL Salz
- 1/4 TL frisch gemahlener schwarzer Pfeffer
- 2 EL gehackte Walnüsse zum Garnieren

Zubereitung:

1. Du beginnst damit, die geschälte und gewürfelte Mango in einen Mixer oder eine Küchenmaschine zu geben und zu einem glatten Püree zu verarbeiten.

2. Gib nun den Joghurt, den frisch gehackten Koriander, das Currypulver, Kurkuma, gemahlenen Ingwer, die abgeriebene Zitronenschale, Zitronensaft, Olivenöl, Salz und Pfeffer in den Mixer oder die Küchenmaschine hinzu. Mixe alles gut durch, bis eine homogene Masse entsteht.

3. Wenn der Aufstrich die gewünschte Konsistenz erreicht hat, schmecke ihn nochmals ab und passe die Gewürze nach Bedarf an.

4. Fülle den Mango-Curry-Aufstrich in eine Schale oder ein Glas um und garniere ihn mit den gehackten Walnüssen.

5. Lass den Aufstrich für mindestens 30 Minuten im Kühlschrank ziehen, damit sich die Aromen entfalten können.

6. Genieße den Mango-Curry-Aufstrich auf frischem Brot, Brötchen oder als Dip für Gemüsesticks.

Hauptgerichte

Lachsfilet mit Brokkoli-Mandel-Topping

Zubereitungszeit: 30 Minuten
Portionen: 2

Zutaten:

- 2 Lachsfilets (à 150 g), entgrätet und Haut entfernt
- 250 g Brokkoli, in kleine Röschen geschnitten
- 40 g Mandelblättchen, geröstet
- 1 EL natives Olivenöl extra
- 1 Knoblauchzehe, fein gehackt
- 1 TL frischer Ingwer, fein gehackt
- 1/2 Bio-Zitrone, entsaftet
- 2 EL frische Petersilie, gehackt
- Salz und Pfeffer, nach Geschmack

Zubereitung:

1. Heize den Backofen auf 180°C (Umluft) vor. Lege ein Backblech mit Backpapier aus und platziere die Lachsfilets darauf. Würze die Filets mit Salz und Pfeffer und beträufle sie mit etwas Zitronensaft. Lass sie nun für 10 Minuten ruhen.

2. In der Zwischenzeit blanchiere den Brokkoli in einem Topf mit kochendem Wasser für 3-4 Minuten, bis er leicht gar, aber noch bissfest ist. Gieße das Wasser ab und schrecke den Brokkoli kurz mit kaltem Wasser ab, damit er seine grüne Farbe behält.

3. Erhitze das Olivenöl in einer Pfanne bei mittlerer Hitze. Füge den gehackten Knoblauch und Ingwer hinzu und dünste beides für etwa 1 Minute an, bis sie weich und duftend sind.

4. Gib den blanchierten Brokkoli und die gerösteten Mandelblättchen in die Pfanne. Würze das Gemüse mit Salz und Pfeffer und rühre gut um, sodass alles gleichmäßig gewürzt ist. Nimm die Pfanne vom Herd und füge die gehackte Petersilie sowie den restlichen Zitronensaft hinzu. Vermische alles gut miteinander.

5. Verteile das Brokkoli-Mandel-Topping gleichmäßig auf den Lachsfilets. Schiebe das Backblech in den vorgeheizten Ofen und backe die Lachsfilets für 12-15 Minuten, bis sie gar sind und das Topping leicht knusprig ist.

6. Nimm die Lachsfilets aus dem Ofen und serviere sie sofort mit dem Brokkoli-Mandel-Topping. Guten Appetit!

Quinoa-Pilz-Pfanne

Zubereitungszeit: 30 Minuten
Portionen: 2

Zutaten:

- 150 g Quinoa, gründlich gewaschen
- 300 ml Gemüsebrühe
- 1 EL natives Olivenöl extra
- 1 Zwiebel, fein gewürfelt
- 2 Knoblauchzehen, fein gehackt
- 250 g Champignons, geputzt und in Scheiben geschnitten
- 100 g Shiitake-Pilze, geputzt und in Streifen geschnitten
- 1 rote Paprika, entkernt und in Streifen geschnitten
- 1 Handvoll Spinat, gewaschen und grob gehackt
- 2 EL Sojasauce
- 1 TL frischer Ingwer, fein gerieben
- 1 EL Bio-Zitronensaft
- 1 TL Kreuzkümmel, gemahlen
- 1 TL Kurkuma, gemahlen
- 1/2 TL Cayennepfeffer
- Salz und Pfeffer, nach Geschmack
- 2 EL frische Petersilie, gehackt, zum Garnieren

Zubereitung:

1. Bringe die Gemüsebrühe in einem Topf zum Kochen, füge das gewaschene Quinoa hinzu und lasse es bei niedriger Hitze 15 Minuten köcheln, bis es gar ist und die Flüssigkeit aufgenommen wurde. Nehme es anschließend vom Herd und lasse es abgedeckt ruhen.

2. Erhitze währenddessen das Olivenöl in einer großen Pfanne und dünste die Zwiebel und den Knoblauch darin bei mittlerer Hitze glasig an. Füge die Champignons und Shiitake-Pilze hinzu und brate sie für etwa 5 Minuten, bis sie leicht gebräunt sind.

3. Gib die Paprikastreifen in die Pfanne und brate sie für weitere 3-4 Minuten, bis sie weich, aber noch bissfest sind. Füge nun den Spinat hinzu und lasse ihn zusammenfallen.

4. Rühre das gekochte Quinoa unter das Gemüse und vermische es gut. Würze die Pfanne mit Sojasauce, Ingwer, Zitronensaft, Kreuzkümmel, Kurkuma und Cayennepfeffer. Schmecke das Gericht mit Salz und Pfeffer ab.

5. Lass die Quinoa-Pilz-Pfanne noch 2-3 Minuten köcheln, damit sich die Aromen gut verbinden. Verteile das Gericht auf zwei Teller und garniere es mit der frisch gehackten Petersilie.

Süßkartoffel-Bohnen-Burritos

Zubereitungszeit: 30 Minuten
Portionen: 2

Zutaten:

- 2 mittelgroße Süßkartoffeln, geschält und in kleine Würfel geschnitten
- 200 g schwarze Bohnen, abgetropft und abgespült
- 2 EL natives Olivenöl extra
- 1 kleine rote Zwiebel, fein gewürfelt
- 1 Knoblauchzehe, fein gehackt
- 1 rote Paprika, entkernt und in Streifen geschnitten
- 1/2 TL Kreuzkümmel
- 1/2 TL Paprikapulver
- Salz und Pfeffer, nach Geschmack
- 4 Vollkorn-Tortillas
- 1 Avocado, entkernt und in Scheiben geschnitten
- 100 g Spinat, gewaschen und trocken geschleudert
- 2 EL frisch gehackte Korianderblätter
- 100 g Sojajoghurt
- 1 EL Bio-Limettensaft

Zubereitung:

1. Heize den Ofen auf 200 °C vor. Vermenge die Süßkartoffelwürfel mit 1 EL Olivenöl, Salz und Pfeffer in einer Schüssel. Verteile die Würfel auf einem Backblech und backe sie für etwa 20 Minuten im Ofen, bis sie weich und leicht gebräunt sind.

2. In der Zwischenzeit erhitze das restliche Olivenöl in einer Pfanne über mittlerer Hitze. Füge die Zwiebel hinzu und dünste sie glasig an. Gib den Knoblauch und die Paprikastreifen dazu und brate alles für weitere 3-4 Minuten.

3. Füge nun die schwarzen Bohnen, Kreuzkümmel und Paprikapulver zur Pfanne hinzu. Schmecke alles mit Salz und Pfeffer ab und koche die Mischung für weitere 5 Minuten, bis die Bohnen gut erhitzt sind.

4. Erwärme die Tortillas kurz in der Mikrowelle oder im Ofen. Verteile die gebackenen Süßkartoffelwürfel, die Bohnenmischung, Avocadoscheiben und Spinat gleichmäßig auf den Tortillas. Bestreue alles mit gehacktem Koriander.

5. Vermische den Sojajoghurt und Limettensaft in einer kleinen Schüssel. Gib einen Klecks der Limetten-Sojajoghurt-Mischung auf jeden Burrito und rolle die Tortillas fest zusammen.

Linsen-Kokos-Curry

Zubereitungszeit: 30 Minuten
Portionen: 2

Zutaten:

- 150 g rote Linsen, gewaschen und abgetropft
- 1 EL Kokosöl
- 1 kleine Zwiebel, fein gewürfelt
- 1 Knoblauchzehe, fein gehackt
- 1 Stück Ingwer (ca. 2 cm), fein gehackt
- 1 kleine rote Paprika, entkernt und in Streifen geschnitten
- 200 ml Kokosmilch
- 250 ml Gemüsebrühe
- 1 EL Currypaste (z. B. gelbe oder rote Currypaste)
- 1 TL Kurkuma, gemahlen
- 1 TL Koriander, gemahlen
- 1 TL Kreuzkümmel, gemahlen
- 1/2 TL Zimt, gemahlen
- 2 EL frischer Koriander, grob gehackt
- 1 EL Bio-Limettensaft
- Salz und Pfeffer zum Abschmecken

Zubereitung:

1. Erhitze das Kokosöl in einer großen Pfanne oder einem Wok bei mittlerer Hitze. Füge die Zwiebel, den Knoblauch und den Ingwer hinzu und dünste alles für etwa 3 Minuten an, bis die Zwiebeln glasig sind.

2. Gib nun die rote Paprika in die Pfanne und brate sie für etwa 2 Minuten mit, bis sie leicht gebräunt und etwas weich ist.

3. Füge die Currypaste, Kurkuma, Koriander, Kreuzkümmel und Zimt in die Pfanne und rühre alles gut um, sodass die Gewürze gleichmäßig verteilt sind. Lasse das Ganze für etwa 1 Minute köcheln, damit sich die Aromen entfalten können.

4. Jetzt kommen die roten Linsen, die Kokosmilch und die Gemüsebrühe hinzu. Lasse das Curry für ca. 15-20 Minuten bei mittlerer Hitze und geschlossenem Deckel köcheln, bis die Linsen weich sind und die Sauce eingedickt ist. Rühre ab und zu um, damit nichts anbrennt.

5. Schmecke das Linsen-Kokos-Curry mit Salz, Pfeffer und Limettensaft ab. Füge zum Schluss den frischen Koriander hinzu und rühre ihn unter.

Mediterran gefüllte Paprika

Zubereitungszeit: 30 Minuten
Portionen: 2

Zutaten:

- 2 große rote Paprikaschoten, längs halbiert und entkernt
- 100 g Quinoa, gründlich gewaschen
- 200 ml Gemüsebrühe
- 1 EL natives Olivenöl extra
- 1 kleine Zwiebel, fein gewürfelt
- 2 Knoblauchzehen, fein gehackt
- 100 g Cocktailtomaten, halbiert
- 50 g schwarze entsteinte Oliven, halbiert
- 1 EL Kapern, abgetropft
- 2 EL frischer Basilikum, gehackt
- 1 EL frischer Oregano, gehackt
- Salz und Pfeffer nach Geschmack
- 1 EL Pinienkerne, geröstet
- 2 EL Bio-Zitronensaft

Zubereitung:

1. Heize den Ofen auf 200 °C vor. Lege die halbierten Paprikaschoten mit der Schnittseite nach oben auf ein mit Backpapier ausgelegtes Backblech.

2. In einem kleinen Topf die Gemüsebrühe zum Kochen bringen und die gewaschene Quinoa darin 15 Minuten garen, bis sie weich ist. Anschließend abgießen und beiseitestellen.

3. Erhitze das Olivenöl in einer Pfanne bei mittlerer Hitze und dünste die fein gewürfelte Zwiebel und den gehackten Knoblauch, bis sie glasig sind.

4. Füge die halbierten Cocktailtomaten, Oliven und Kapern hinzu und lasse alles weitere 5 Minuten köcheln.

5. Nimm die Pfanne vom Herd und mische die gekochte Quinoa, gehackten Kräuter, gerösteten Pinienkerne und Zitronensaft unter. Schmecke die Füllung mit Salz und Pfeffer ab.

6. Verteile die Quinoa-Gemüse-Mischung gleichmäßig auf die halbierten Paprikaschoten.

7. Backe die gefüllten Paprika im vorgeheizten Ofen für etwa 15 Minuten, bis die Paprika weich, aber noch bissfest sind.

8. Serviere die mediterran gefüllten Paprika heiß und genieße dieses köstliche Hauptgericht!

Gebackener Feta auf Zucchininudeln

Zubereitungszeit: 30 Minuten
Portionen: 2

Zutaten:

- 200 g Feta, in 2 cm dicke Scheiben geschnitten
- 2 mittelgroße Zucchini, gewaschen und in lange, dünne Streifen geschnitten (Zucchininudeln)
- 2 EL natives Olivenöl extra
- 1 TL Paprikapulver, edelsüß
- 1 TL getrockneter Oregano
- 1 TL getrockneter Thymian
- 1/2 TL Chiliflocken
- 1 Knoblauchzehe, fein gehackt
- 100 g Kirschtomaten, halbiert
- 50 g schwarze entsteinte Oliven, halbiert
- 2 EL frisch gehackte Petersilie
- 1 Bio-Zitrone, Schale abgerieben und Saft ausgepresst
- Salz und Pfeffer zum Abschmecken

Zubereitung:

1. Heize den Ofen auf 180 °C Ober-/Unterhitze vor. Lege die Fetascheiben in eine Auflaufform oder auf ein mit Backpapier ausgelegtes Backblech.

2. Vermische in einer kleinen Schüssel das Olivenöl, Paprikapulver, Oregano, Thymian, Chiliflocken und den gehackten Knoblauch. Verteile die Gewürz-Öl-Mischung gleichmäßig über den Fetascheiben.

3. Gib die halbierten Kirschtomaten und Oliven um den Feta herum und bestreue das Ganze mit etwas Salz und Pfeffer.

4. Backe den Feta im vorgeheizten Ofen für ca. 15 Minuten, bis er leicht gebräunt und weich ist.

5. Während der Feta im Ofen ist, erhitze eine große Pfanne bei mittlerer Hitze und füge einen Esslöffel Olivenöl hinzu. Brate die Zucchininudeln unter ständigem Rühren für etwa 5 Minuten an, bis sie leicht weich, aber noch bissfest sind. Würze die Zucchininudeln mit Salz und Pfeffer nach Geschmack.

6. Verteile die Zucchininudeln auf zwei Tellern. Nehme den gebackenen Feta aus dem Ofen und lege jeweils eine Fetascheibe auf die Zucchininudeln. Verteile die Kirschtomaten und Oliven gleichmäßig auf den Tellern.

7. Zum Schluss beträufle das Gericht mit Zitronensaft und bestreue es mit der abgeriebenen Zitronenschale und der frisch gehackten Petersilie.

Kürbis-Risotto mit Spinat

Zubereitungszeit: 30 Minuten
Portionen: 2

Zutaten:

- 200 g Risottoreis, gewaschen
- 300 g Hokkaido-Kürbis, geschält und gewürfelt
- 150 g frischer Spinat, gewaschen und grob gehackt
- 1 Schalotte, fein gewürfelt
- 1 Knoblauchzehe, fein gehackt
- 500 ml Gemüsebrühe
- 50 ml Weißwein
- 2 EL natives Olivenöl extra
- 1 TL Kurkuma
- 1/2 TL Ingwer, gerieben
- 1 Prise Chiliflocken
- Salz und Pfeffer
- 1 EL frischer Basilikum, fein gehackt
- 1 EL frischer Koriander, fein gehackt
- 2 EL Bio-Zitronensaft

Zubereitung:

1. Erhitze das Olivenöl in einem großen Topf oder einer Pfanne bei mittlerer Hitze. Füge die Schalotten und den Knoblauch hinzu und dünste sie für etwa 3 Minuten an, bis sie glasig sind.

2. Gib den Risottoreis dazu und rühre alles gut um, sodass der Reis von allen Seiten mit Öl benetzt ist. Lass ihn für 1-2 Minuten anrösten, bis er leicht glasig wird. Gieße den Weißwein hinein und lass ihn verdampfen, während du weiter rührst.

3. Füge die gewürfelten Kürbisstücke, den Kurkuma, den Ingwer und die Chiliflocken hinzu. Rühre alles gut durch und lass es für weitere 2 Minuten köcheln.

4. Schütte nun die Gemüsebrühe nach und nach in den Topf, während du immer wieder umrührst. Lass das Risotto für etwa 20 Minuten bei niedriger Hitze köcheln, bis der Reis gar ist und die Flüssigkeit fast vollständig aufgenommen wurde.

5. Füge den Spinat zum Risotto hinzu und rühre ihn unter. Lass das Risotto noch 2-3 Minuten köcheln, damit der Spinat zusammenfällt und sich gut mit dem Reis und Kürbis verbindet.

6. Schmecke das Risotto mit Salz, Pfeffer und Zitronensaft ab. Verteile es auf zwei Teller und bestreue es mit frischem Basilikum und Koriander.

Zitronen-Thymian-Hähnchen

Zubereitungszeit: 30 Minuten
Portionen: 2

Zutaten:

- 2 Hähnchenbrustfilets (à 150 g), in Streifen geschnitten
- 2 Bio-Zitronen, davon 1 abgeriebene Schale und Saft beider Zitronen
- 4 EL natives Olivenöl extra
- 1 Bund frischer Thymian, grob gehackt
- 2 Knoblauchzehen, fein gehackt
- 1 rote Paprika, entkernt und in Streifen geschnitten
- 150 g Kirschtomaten, halbiert
- 100 ml Gemüsebrühe
- 1 TL Paprikapulver
- 1 EL Honig
- Salz und Pfeffer zum Abschmecken
- 2 EL gehackte Petersilie zum Garnieren

Zubereitung:

1. Als erstes bereitest du das Hähnchen vor. Schneide die Hähnchenbrustfilets in Streifen und stelle sie beiseite.

2. Nun reibe die Schale einer Bio-Zitrone ab und presse den Saft beider Zitronen aus. Vermische in einer Schüssel die abgeriebene Zitronenschale, den Zitronensaft, das Olivenöl, den grob gehackten Thymian und den fein gehackten Knoblauch. Gib die Hähnchenstreifen dazu und mische alles gut durch, damit das Fleisch gut mariniert wird. Lass das Hähnchen für etwa 10 Minuten in der Marinade ziehen.

3. Erhitze eine große Pfanne bei mittlerer Hitze und gib die marinierten Hähnchenstreifen zusammen mit der Marinade hinein. Brate das Hähnchen für etwa 5 Minuten an, bis es leicht gebräunt ist.

4. Füge nun die in Streifen geschnittene rote Paprika und die halbierten Kirschtomaten hinzu. Brate alles für weitere 3 Minuten, bis das Gemüse etwas weicher geworden ist.

5. Jetzt kommt die Gemüsebrühe hinzu, die du mit dem Paprikapulver, dem Honig, Salz und Pfeffer verrührst. Gib die Mischung in die Pfanne und lasse alles für weitere 5 Minuten köcheln, bis das Hähnchen gar ist und die Sauce leicht eingedickt ist.

6. Zum Schluss schmecke das Zitronen-Thymian-Hähnchen nochmals mit Salz und Pfeffer ab und garniere es mit der gehackten Petersilie. Serviere das Gericht am besten mit einem frischen Salat oder gedämpftem Gemüse.

Veganes Kichererbsen-Pilz-Stroganoff

Zubereitungszeit: 30 Minuten
Portionen: 2

Zutaten:

- 150 g Kichererbsen, bereits gekocht und abgetropft
- 200 g gemischte Pilze (z.B. Champignons, Austernpilze, Shiitake), grob geschnitten
- 1 mittelgroße Zwiebel, fein gewürfelt
- 2 Knoblauchzehen, fein gehackt
- 1 EL Kokosöl
- 200 ml Kokosmilch
- 100 ml Gemüsebrühe
- 2 EL Tomatenmark
- 1 TL Senf
- 1 TL Paprikapulver, edelsüß
- 1/2 TL Kreuzkümmel, gemahlen
- 1/2 TL Koriander, gemahlen
- 1 EL frischer Dill, fein gehackt
- Salz und Pfeffer zum Abschmecken
- 1 EL Bio-Zitronensaft

Zubereitung:

1. In einer großen Pfanne das Kokosöl erhitzen und die fein gewürfelte Zwiebel darin glasig dünsten. Anschließend den gehackten Knoblauch hinzufügen und kurz mitbraten.

2. Die grob geschnittenen Pilze in die Pfanne geben und bei mittlerer Hitze für etwa 5 Minuten anbraten, bis sie leicht gebräunt und weich sind.

3. Nun die gekochten Kichererbsen, das Tomatenmark, den Senf, das Paprikapulver, den Kreuzkümmel und den gemahlenen Koriander in die Pfanne geben und alles gut vermengen.

4. Die Gemüsebrühe und die Kokosmilch hinzufügen, alles gut umrühren und das Stroganoff für etwa 10 Minuten bei niedriger Hitze köcheln lassen.

5. Währenddessen den frischen Dill fein hacken und beiseitelegen.

6. Zum Schluss das vegane Kichererbsen-Pilz-Stroganoff mit Salz, Pfeffer und Zitronensaft abschmecken und den fein gehackten Dill unterrühren.

Auberginen-Parmesan

Zubereitungszeit: 30 Minuten
Portionen: 2

Zutaten:

- 1 Aubergine, gewaschen und in 1 cm dicke Scheiben geschnitten
- 150 g Parmesan, frisch gerieben
- 2 EL natives Olivenöl extra
- 1 rote Paprika, gewaschen, entkernt und in feine Streifen geschnitten
- 100 g Kirschtomaten, halbiert
- 2 EL frisch gehackte Petersilie
- 1 TL frisch gehackter Rosmarin
- 1 TL frisch gehackter Thymian
- 2 Knoblauchzehen, fein gehackt
- 1 EL Bio-Zitronensaft
- Salz und Pfeffer nach Geschmack

Zubereitung:

1. Heize den Backofen auf 200°C (Umluft) vor.

2. Lege ein Backblech mit Backpapier aus und verteile die Auberginenscheiben darauf. Bestreiche sie mit 1 EL Olivenöl und würze sie mit Salz und Pfeffer. Backe die Auberginenscheiben für 15 Minuten im vorgeheizten Backofen, bis sie weich und leicht gebräunt sind.

3. Währenddessen erhitze in einer Pfanne den restlichen 1 EL Olivenöl und brate die Paprikastreifen und die halbierten Kirschtomaten darin an. Füge den Knoblauch, Rosmarin und Thymian hinzu und lasse alles für 5 Minuten köcheln.

4. Nimm die Auberginenscheiben aus dem Backofen und verteile die Paprika-Tomaten-Mischung darauf. Bestreue das Ganze großzügig mit dem frisch geriebenen Parmesan und lasse es im Backofen für weitere 10 Minuten backen, bis der Käse geschmolzen und leicht gebräunt ist.

5. Nimm das Auberginen-Parmesan aus dem Ofen und beträufle es mit Zitronensaft. Garniere das Gericht mit der frisch gehackten Petersilie und serviere es sofort.

Snacks

Gemüsesticks mit Avocado-Dip

Zubereitungszeit: 15 Minuten
Portionen: 2

Zutaten:

- 1 Avocado, halbiert, entkernt und gewürfelt
- 1 EL Bio-Zitronensaft
- 100 g Joghurt (1,5% Fett)
- 1 Knoblauchzehe, fein gehackt
- 1 TL Dijon-Senf
- 1 EL fein gehackte Petersilie
- 1 kleine Karotte, geschält und in Sticks geschnitten
- 1 kleine rote Paprika, entkernt und in Streifen geschnitten
- 1 kleine Zucchini, gewaschen und in Sticks geschnitten
- 1 TL natives Olivenöl extra
- Salz und Pfeffer nach Geschmack

Zubereitung:

1. Gib die gewürfelte Avocado in eine Schüssel und beträufle sie mit dem Zitronensaft. Verwende eine Gabel, um die Avocado zu zerdrücken, bis eine cremige Konsistenz entsteht.

2. Füge den Joghurt, die fein gehackte Knoblauchzehe, den Dijon-Senf und die fein gehackte Petersilie hinzu. Vermische alles gut miteinander und schmecke den Avocado-Dip mit Salz und Pfeffer ab.

3. Nun ist es Zeit, die Gemüsesticks zuzubereiten. Schneide die Karotte, die rote Paprika und die Zucchini in Sticks oder Streifen, wie gewünscht. Achte darauf, dass sie alle eine ähnliche Größe haben, damit sie gleichmäßig gegart werden.

4. Erhitze das Olivenöl in einer Pfanne und brate die Gemüsesticks für ca. 3-4 Minuten an, bis sie leicht gebräunt und knusprig sind. Wende sie dabei regelmäßig, damit sie gleichmäßig garen. Gib sie anschließend auf einen Teller und würze sie leicht mit Salz und Pfeffer.

5. Richte die Gemüsesticks auf einer Platte an und serviere sie zusammen mit dem Avocado-Dip. Genieße diesen leckeren und gesunden Snack!

Apfel-Nuss-Riegel

Zubereitungszeit: 20 Minuten
Portionen: 2

Zutaten:

- 100 g Haferflocken, fein
- 50 g Walnüsse, grob gehackt
- 1 mittelgroßer Apfel, geschält, entkernt und fein geraspelt
- 20 g Chiasamen
- 2 EL Honig
- 1 TL Zimt
- 1 Prise Salz
- 1 EL Kokosöl, geschmolzen
- 1 EL Leinsamen, geschrotet

Zubereitung:

1. Zuerst nimmst du eine Schüssel und vermischst darin die Haferflocken, Walnüsse, den geraspelten Apfel und Chiasamen. Achte darauf, dass alle Zutaten gleichmäßig verteilt sind.

2. Gib anschließend den Honig, Zimt und eine Prise Salz hinzu. Rühre alles gut durch, damit sich die Zutaten miteinander verbinden.

3. In einem kleinen Topf erwärmst du das Kokosöl und gibst es dann zu der Haferflockenmischung. Rühre erneut, bis alles gut vermischt ist.

4. Nun fügst du die geschroteten Leinsamen hinzu und verrührst alles noch einmal gründlich.

5. Lege ein Backblech mit Backpapier aus und verteile die Mischung darauf. Drücke sie mit den Händen oder einem Löffel gleichmäßig und fest zusammen, sodass eine etwa 1 cm dicke Schicht entsteht.

6. Lass die Mischung für etwa 10 Minuten im Kühlschrank ruhen, damit sie fest wird.

7. Schneide die gekühlte Mischung in Riegel und genieße deine selbstgemachten Apfel-Nuss-Riegel.

Knusprige Kichererbsen

Zubereitungszeit: 30 Minuten
Portionen: 2

Zutaten:

- 200 g Kichererbsen, über Nacht eingeweicht und abgetropft
- 2 EL natives Olivenöl extra
- 1 TL Paprikapulver, edelsüß
- 1 TL Currypulver
- 1/2 TL Kreuzkümmel, gemahlen
- 1/2 TL Knoblauchpulver
- 1/2 TL Meersalz
- 1/4 TL Pfeffer, frisch gemahlen
- 2 EL Petersilie, frisch gehackt

Zubereitung:

1. Heize den Backofen auf 200 °C vor und bereite ein Backblech mit Backpapier vor.

2. Gib die eingeweichten und abgetropften Kichererbsen in eine große Schüssel. Füge das Olivenöl hinzu und vermische alles gründlich, sodass die Kichererbsen gleichmäßig mit Öl bedeckt sind.

3. In einer separaten kleinen Schüssel vermische Paprikapulver, Currypulver, Kreuzkümmel, Knoblauchpulver, Meersalz und frisch gemahlenen Pfeffer miteinander. Gib die Gewürzmischung zu den Kichererbsen und rühre alles gut durch, bis die Kichererbsen rundum mit Gewürzen bedeckt sind.

4. Verteile die gewürzten Kichererbsen gleichmäßig auf dem vorbereiteten Backblech und stelle es für 20-25 Minuten in den vorgeheizten Backofen. Rühre die Kichererbsen nach etwa 10 Minuten einmal durch, um sie gleichmäßig zu garen.

5. Nimm die knusprigen Kichererbsen aus dem Ofen und lasse sie kurz abkühlen. Bestreue sie anschließend mit der frisch gehackten Petersilie und serviere sie als leckeren Snack.

Edamame mit Meersalz

Zubereitungszeit: 15 Minuten
Portionen: 2

Zutaten:

- 200 g Edamame, tiefgekühlt
- 1 EL natives Olivenöl extra
- 1 TL feines Meersalz
- 1 TL geriebene Bio-Zitronenschale
- 1 TL frisch gehackter Knoblauch
- 1 TL frisch gehackter Ingwer
- 1 EL gehackte Petersilie
- 1 EL gehackte Minze
- 1/2 TL Chiliflocken (optional)

Zubereitung:

1. Zuerst bringst du einen Topf mit Wasser zum Kochen und gibst die tiefgekühlten Edamame hinein. Koche sie für etwa 5 Minuten, bis sie gar und schön grün sind.

2. Während die Edamame kochen, vermischt du in einer kleinen Schüssel das Meersalz, die geriebene Zitronenschale, den gehackten Knoblauch, den gehackten Ingwer und die Chiliflocken, falls du sie verwenden möchtest.

3. Sobald die Edamame fertig sind, gießt du sie ab und lässt sie kurz abtropfen. Gib sie dann in eine große Schüssel.

4. Jetzt erhitzt du das Olivenöl in einer Pfanne und brätst die Edamame darin für etwa 2 Minuten an, bis sie leicht knusprig sind. Achte darauf, sie vorsichtig zu wenden, um sie gleichmäßig zu bräunen.

5. Zum Schluss bestreust du die noch heißen Edamame mit der Meersalz-Gewürzmischung und fügst die gehackte Petersilie und Minze hinzu. Verrühre alles gut miteinander, damit die Edamame schön von der Würzmischung ummantelt sind.

Gurken-Häppchen mit Lachs

Zubereitungszeit: 20 Minuten
Portionen: 2

Zutaten:

- 1 Salatgurke, gewaschen und in 1 cm dicke Scheiben geschnitten
- 100 g geräucherter Lachs, in mundgerechte Stücke zerteilt
- 60 g Frischkäse, leicht gesalzen
- 1 EL natives Olivenöl extra
- 1 TL Bio-Zitronensaft
- 1 EL frische Dillspitzen, fein gehackt
- 1/2 TL fein geriebene Bio-Zitronenschale
- 1 EL fein gehackte rote Zwiebel
- 1/2 TL frisch gemahlener schwarzer Pfeffer
- 1/2 TL Meersalz

Zubereitung:

1. Vermische in einer kleinen Schüssel den Frischkäse, Olivenöl, Zitronensaft, Dill, Zitronenschale, rote Zwiebel, Pfeffer und Meersalz miteinander, bis eine cremige Masse entsteht.

2. Lege die Gurkenscheiben auf eine Servierplatte und verteile jeweils einen Teelöffel der Frischkäse-Creme darauf. Achte darauf, dass die Creme nicht über den Rand der Gurkenscheiben hinausgeht.

3. Drapiere die Lachsstücke auf den Gurkenscheiben mit der Creme, sodass sie leicht überlappen und ein schönes Muster ergeben.

4. Garniere die Gurken-Häppchen mit ein paar Dillspitzen und serviere sie sofort, damit sie frisch und knackig bleiben.

Rote-Bete-Cracker

Zubereitungszeit: 20 Minuten
Portionen: 2

Zutaten:

- 100 g Rote-Bete-Püree (frisch gekochte Rote Bete pürieren)
- 50 g Kichererbsenmehl
- 2 EL Leinsamen, geschrotet
- 1 EL natives Olivenöl extra
- 1 TL Kreuzkümmel, gemahlen
- 1 TL Paprikapulver, edelsüß
- 1/2 TL Meersalz
- 1/4 TL schwarzer Pfeffer, frisch gemahlen
- 2 EL frische Petersilie, fein gehackt

Zubereitung:

1. Heize den Backofen auf 180 °C vor und lege ein Backblech mit Backpapier aus.

2. Vermenge in einer Schüssel das Kichererbsenmehl, geschrotete Leinsamen, Kreuzkümmel, Paprikapulver, Meersalz und schwarzen Pfeffer miteinander.

3. Gib das Rote-Bete-Püree, das Olivenöl und die fein gehackte Petersilie in die Schüssel mit den trockenen Zutaten. Knete alles gut durch, bis ein gleichmäßiger Teig entsteht.

4. Lege den Teig zwischen zwei Lagen Backpapier und rolle ihn mit einem Nudelholz dünn aus (etwa 2-3 mm Dicke). Entferne dann die obere Lage Backpapier.

5. Schneide den Teig mit einem scharfen Messer oder einem Pizzaroller in kleine Rechtecke oder Quadrate, je nach Belieben.

6. Lege die ausgeschnittenen Cracker auf das vorbereitete Backblech und backe sie im vorgeheizten Backofen für etwa 12-15 Minuten, bis sie knusprig und leicht gebräunt sind. Achte darauf, dass sie nicht verbrennen!

7. Lasse die Rote-Bete-Cracker auf einem Kuchengitter vollständig auskühlen und bewahre sie in einer luftdichten Dose auf, um ihre Knusprigkeit zu erhalten.

Süßkartoffelchips

Zubereitungszeit: 25 Minuten
Portionen: 2

Zutaten:

- 2 mittelgroße Süßkartoffeln, gewaschen und in dünne Scheiben geschnitten
- 2 EL natives Olivenöl extra
- 1 TL Paprikapulver, edelsüß
- 1/2 TL Kurkuma
- 1/2 TL Meersalz
- 1/2 TL frisch gemahlener schwarzer Pfeffer
- 1 EL frisch gehackter Rosmarin

Zubereitung:

1. Heize den Backofen auf 200 °C vor und lege ein Backblech mit Backpapier aus.

2. Gib die dünn geschnittenen Süßkartoffelscheiben in eine große Schüssel. Drapiere das Olivenöl gleichmäßig über die Süßkartoffelscheiben und vermische alles gut, sodass alle Scheiben mit Öl bedeckt sind.

3. In einer kleinen Schüssel vermische das Paprikapulver, Kurkuma, Meersalz, schwarzen Pfeffer und den gehackten Rosmarin. Bestreue die Süßkartoffelscheiben mit dieser Gewürzmischung und vermische alles erneut, damit die Scheiben gleichmäßig gewürzt sind.

4. Verteile die gewürzten Süßkartoffelscheiben auf dem vorbereiteten Backblech, sodass sie sich nicht überlappen. Lass ausreichend Platz zwischen den Scheiben, damit sie gleichmäßig garen können.

5. Backe die Süßkartoffelchips im vorgeheizten Backofen für etwa 15-20 Minuten, oder bis sie knusprig und leicht gebräunt sind. Achte darauf, die Chips in der Mitte der Backzeit einmal zu wenden, um ein gleichmäßiges Garen zu gewährleisten.

6. Nimm die fertigen Süßkartoffelchips aus dem Ofen und lass sie auf dem Backblech etwas abkühlen, bevor du sie servierst.

Zitronen-Kale-Chips

Zubereitungszeit: 15 Minuten
Portionen: 2

Zutaten:

- 100 g frischer Grünkohl, gewaschen, trocken getupft und in mundgerechte Stücke zerrissen
- 2 EL natives Olivenöl extra
- 1 TL frisch geriebene Bio-Zitronenschale
- 1 EL frisch gepresster Bio-Zitronensaft
- 1 TL Ahornsirup
- 1 TL fein gehackter Knoblauch
- 1/4 TL Chiliflocken
- 1/4 TL grobes Meersalz
- 1 EL geriebener Parmesan (optional)

Zubereitung:

1. Heize den Backofen auf 160 °C vor und lege ein Backblech mit Backpapier aus.

2. Vermische in einer großen Schüssel das Olivenöl, die Zitronenschale, den Zitronensaft, den Ahornsirup, den Knoblauch und die Chiliflocken. Gib anschließend den Grünkohl dazu und massiere die Marinade mit den Händen in die Grünkohlblätter ein, bis sie gut benetzt sind.

3. Verteile die marinierten Grünkohlblätter gleichmäßig auf dem vorbereiteten Backblech, sodass sie nicht übereinanderliegen. Bestreue sie mit dem groben Meersalz und dem geriebenen Parmesan, falls gewünscht.

4. Backe die Zitronen-Kale-Chips für etwa 10-12 Minuten im vorgeheizten Ofen, bis sie knusprig und leicht gebräunt sind. Achte darauf, dass sie nicht verbrennen.

5. Lass die Chips kurz abkühlen und serviere sie dann als leckeren und gesunden Snack.

Paprika-Feta-Röllchen

Zubereitungszeit: 20 Minuten
Portionen: 2

Zutaten:

- 2 große rote Paprika, gewaschen, entkernt und in breite Streifen geschnitten
- 150 g Feta, in dünne Streifen geschnitten
- 50 g Rucola, gewaschen und grob gehackt
- 2 EL natives Olivenöl extra
- 1 EL Balsamico-Essig
- 1/2 TL frisch geriebene Bio-Orangenschale
- 1/2 TL frisch geriebene Ingwerschale
- 1 Knoblauchzehe, fein gehackt
- 1/4 TL Chiliflocken (optional)
- Salz und Pfeffer nach Geschmack

Zubereitung:

1. Vermische in einer kleinen Schüssel das Olivenöl, den Balsamico-Essig, die Orangen- und Ingwerschale, den Knoblauch und die Chiliflocken (falls verwendet) zu einer Marinade. Schmecke sie mit Salz und Pfeffer ab.

2. Lege die Paprikastreifen auf eine saubere Arbeitsfläche und bestreiche sie dünn mit der Marinade. Lass sie kurz einwirken, damit die Aromen einziehen können.

3. Verteile nun auf jedem Paprikastreifen gleichmäßig Rucola und Feta. Achte darauf, dass du den Feta und Rucola nicht zu nah an den Rändern platzierst, damit beim Rollen nichts herausfällt.

4. Rolle die Paprikastreifen vorsichtig und fest um die Feta-Rucola-Füllung herum auf, sodass sie gut halten.

5. Richte die Paprika-Feta-Röllchen auf einer Platte oder einem Teller an und beträufle sie mit der restlichen Marinade. Lass sie noch ein paar Minuten ziehen, bevor du sie servierst.

Mandel-Dattel-Kugeln

Zubereitungszeit: 15 Minuten
Portionen: 2

Zutaten:

- 100 g Mandeln, geröstet und grob gehackt
- 100 g entsteinte Datteln, fein gewürfelt
- 50 g Haferflocken, fein gemahlen
- 2 EL Kokosöl, geschmolzen
- 1 EL frisch gepresster Bio-Orangensaft
- 1 TL Zimt
- 1/2 TL Ingwerpulver
- 1/4 TL Muskat
- 1 EL Chiasamen
- 1 EL Leinsamen, geschrotet
- 50 g Kokosraspeln, zum Wälzen der Kugeln

Zubereitung:

1. In einer mittelgroßen Schüssel die fein gewürfelten Datteln, Haferflocken, Zimt, Ingwerpulver und Muskat vermischen.

2. Gib nun die gerösteten und grob gehackten Mandeln, Chiasamen und geschrotete Leinsamen hinzu und vermische alles gut miteinander.

3. Füge das geschmolzene Kokosöl und den frisch gepressten Orangensaft hinzu. Knete die Zutaten gründlich durch, bis eine homogene Masse entsteht.

4. Forme aus der Masse etwa 10 gleich große Kugeln. Achte darauf, dass sie schön rund und kompakt sind.

5. Wälze die Kugeln in den Kokosraspeln, bis sie rundum gleichmäßig bedeckt sind.

6. Lege die fertigen Mandel-Dattel-Kugeln auf einen Teller und stelle sie für etwa 10 Minuten in den Kühlschrank, damit sie etwas fester werden.

7. Genieße die Mandel-Dattel-Kugeln als köstlichen Snack für zwischendurch oder als gesunde Nascherei am Abend.

Frühstücksideen

Haferbrei mit Beeren und Walnüssen

Zubereitungszeit: 15 Minuten
Portionen: 2

Zutaten:

- 100 g feine Haferflocken, zart
- 500 ml Mandelmilch, ungesüßt
- 1 EL Leinsamen, geschrotet
- 1 EL Chiasamen
- 1 TL Zimt, gemahlen
- 1 Prise Salz
- 200 g Beeren (z.B. Himbeeren, Erdbeeren und Blaubeeren), gewaschen und geputzt
- 50 g Walnüsse, grob gehackt
- 2 EL Ahornsirup, zum Süßen
- 1 TL Bio-Orangenschale, fein gerieben

Zubereitung:

1. Gib die feinen Haferflocken, die Mandelmilch, den geschroteten Leinsamen, die Chiasamen, den gemahlenen Zimt und die Prise Salz in einen kleinen Topf. Erwärme die Mischung bei mittlerer Hitze und rühre dabei kontinuierlich, um ein Anbrennen zu verhindern.

2. Lass den Haferbrei etwa 5-7 Minuten köcheln, bis er schön cremig ist. Achte darauf, weiterhin gut umzurühren, damit sich alle Zutaten gut vermischen und die gewünschte Konsistenz erreicht wird.

3. Während der Haferbrei köchelt, bereite die Beeren vor. Schneide die größeren Beeren, wie Erdbeeren, in kleinere Stücke, damit sie gleichmäßig über den Haferbrei verteilt werden können.

4. Röste die grob gehackten Walnüsse in einer Pfanne ohne Fett bei mittlerer Hitze für etwa 2 Minuten, bis sie leicht gebräunt und aromatisch sind. Achte darauf, sie dabei regelmäßig zu wenden, um ein Anbrennen zu verhindern.

5. Nimm den Haferbrei vom Herd und rühre den Ahornsirup und die fein geriebene Orangenschale unter. Verteile den Haferbrei auf zwei Schüsseln und garniere ihn mit den vorbereiteten Beeren und den gerösteten Walnüssen. Genieße dein nahrhaftes und entzündungshemmendes Frühstück!

Chia-Pudding mit Mango und Kokos

Zubereitungszeit: 15 Minuten
Portionen: 2

Zutaten:

- 40 g Chiasamen
- 200 ml Kokosmilch
- 1 reife Mango, geschält und in Würfel geschnitten
- 2 EL frisch gepresster Bio-Limettensaft
- 1 TL frisch geriebene Bio-Limettenschale
- 1 EL Ahornsirup
- 1 TL Ingwerpulver
- 2 EL Kokosraspeln, ungesüßt
- 2 EL gehackte Walnüsse
- 2 EL Granatapfelkerne

Zubereitung:

1. Verrühre die Chiasamen mit der Kokosmilch in einer Schüssel. Lass die Mischung für etwa 5 Minuten quellen, bis die Chiasamen die Flüssigkeit aufgenommen haben und eine puddingartige Konsistenz entsteht.

2. Gib die gewürfelte Mango in eine separate Schüssel und vermische sie mit dem Limettensaft, der Limettenschale und dem Ahornsirup. Lass das Ganze für etwa 5 Minuten ziehen, damit die Aromen gut durchziehen können.

3. In der Zwischenzeit röste die Kokosraspeln und die gehackten Walnüsse in einer Pfanne ohne Fett bei mittlerer Hitze für etwa 3 Minuten, bis sie leicht gebräunt und duftend sind.

4. Jetzt kommt der aufregende Teil: Schichte den Chia-Pudding und die Mango-Mischung abwechselnd in zwei hübsche Gläser. Beginne dabei mit dem Chia-Pudding und beende die Schichtung mit der Mango-Mischung.

5. Toppe die Gläser mit den gerösteten Kokosraspeln, Walnüssen und den Granatapfelkernen. Lass deiner Kreativität freien Lauf und gestalte die Garnierung ansprechend und farbenfroh.

6. Stelle die Gläser für etwa 10 Minuten in den Kühlschrank, damit sich die Aromen optimal verbinden und der Chia-Pudding noch fester wird.

Grüne Smoothie-Bowl

Zubereitungszeit: 10 Minuten
Portionen: 2

Zutaten:

- 200 g frischer Spinat, gründlich gewaschen und trocken geschleudert
- 1 reife Avocado, entkernt und in Stücke geschnitten
- 1 grüner Apfel, entkernt und in Stücke geschnitten
- 10 g Ingwer, geschält und fein gehackt
- 1 EL Chiasamen
- 1 TL gemahlener Kurkuma
- 2 EL Leinsamen, geschrotet
- 250 ml Kokosmilch
- 50 g ungesüßte Kokosraspeln
- 2 EL gehackte Pistazien
- 100 g frische Beeren (Himbeeren, Blaubeeren oder Erdbeeren), gewaschen

Zubereitung:

1. Gib den Spinat, die Avocado, den grünen Apfel, den Ingwer, die Chiasamen, den Kurkuma und die geschroteten Leinsamen in einen leistungsstarken Mixer.

2. Füge die Kokosmilch hinzu und mixe alles, bis eine gleichmäßig cremige Konsistenz entsteht. Je nach Vorliebe kannst du mehr oder weniger Kokosmilch verwenden, um die gewünschte Dicke der Smoothie-Bowl zu erreichen.

3. Verteile die grüne Smoothie-Basis auf zwei Schalen und garniere sie mit den Kokosraspeln, den gehackten Pistazien und den frischen Beeren.

4. Serviere die Smoothie-Bowls sofort und genieße dieses gesunde und leckere Frühstück, das deinen Körper mit wertvollen Nährstoffen versorgt.

Hirse-Porridge mit Apfel und Zimt

Zubereitungszeit: 20 Minuten
Portionen: 2

Zutaten:

- 150 g Hirse, gewaschen und abgetropft
- 500 ml Mandelmilch, ungesüßt
- 1 großer Apfel, gewaschen, entkernt und in kleine Stücke geschnitten
- 1 TL Zimt, gemahlen
- 1 EL Kokosöl
- 2 EL Leinsamen, geschrotet
- 1 EL Chiasamen
- 1 EL Ahornsirup
- 1 Prise Salz
- 2 EL Walnüsse, grob gehackt
- Frische Minzblätter, zum Garnieren

Zubereitung:

1. Erhitze das Kokosöl in einem Topf bei mittlerer Hitze. Gib die gewaschene Hirse dazu und röste sie für etwa 2 Minuten unter ständigem Rühren an, bis sie leicht duftet.

2. Gieße die Mandelmilch vorsichtig in den Topf und füge die Apfelstücke, den Zimt und die Prise Salz hinzu. Rühre alles gut um und bringe die Mischung zum Kochen.

3. Sobald es kocht, reduziere die Hitze und lasse den Hirse-Porridge für etwa 15 Minuten köcheln, bis die Hirse weich und die Flüssigkeit größtenteils aufgenommen ist. Rühre dabei gelegentlich um, damit nichts anbrennt.

4. In der Zwischenzeit kannst du die Walnüsse in einer Pfanne ohne Fett bei mittlerer Hitze rösten, bis sie leicht gebräunt sind. Stelle sie dann beiseite.

5. Wenn der Hirse-Porridge die gewünschte Konsistenz erreicht hat, rühre die geschroteten Leinsamen und Chiasamen unter und süße ihn mit dem Ahornsirup.

6. Verteile den Hirse-Porridge auf zwei Schalen, garniere ihn mit den gerösteten Walnüssen und frischen Minzblättern. Genieße dieses wärmende und wohltuende Frühstück!

Buchweizen-Pfannkuchen mit Heidelbeeren

Zubereitungszeit: 20 Minuten
Portionen: 2

Zutaten:

- 100 g Buchweizenmehl
- 200 ml Mandelmilch, ungesüßt
- 2 EL Leinsamen, frisch gemahlen
- 1 TL Backpulver
- 1 Prise Salz
- 1 EL Kokosöl, geschmolzen

- 200 g Heidelbeeren, frisch oder aufgetaut
- 1 EL Ahornsirup
- 1 EL Chiasamen
- 1/2 TL Zimt, gemahlen
- 1 EL Kokosöl zum Braten
- 1 Handvoll frische Minze, grob gehackt, zum Garnieren

Zubereitung:

1. In einer mittelgroßen Schüssel das Buchweizenmehl, gemahlene Leinsamen, Backpulver und Salz vermischen.

2. Füge nun langsam die Mandelmilch und das geschmolzene Kokosöl hinzu und verrühre alles gründlich, bis ein glatter Teig entsteht.

3. Lass den Teig für etwa 5 Minuten ruhen, damit die Leinsamen quellen können und der Teig etwas fester wird.

4. Währenddessen kannst du die Heidelbeersauce zubereiten. Gib die Heidelbeeren zusammen mit dem Ahornsirup, den Chiasamen und dem Zimt in einen kleinen Topf und erhitze die Mischung bei mittlerer Hitze. Lass die Sauce für etwa 5 Minuten köcheln, bis sie leicht eingedickt ist. Rühre dabei gelegentlich um, damit sie nicht anbrennt.

5. Erhitze 1 EL Kokosöl in einer beschichteten Pfanne bei mittlerer Hitze. Gib für jeden Pfannkuchen etwa 1/4 des Teigs in die Pfanne und brate die Pfannkuchen von beiden Seiten goldbraun.

6. Serviere die Buchweizen-Pfannkuchen mit der warmen Heidelbeersauce und garniere sie mit der frischen Minze.

Avocado-Brot mit Tomaten

Zubereitungszeit: 15 Minuten
Portionen: 2

Zutaten:

- 4 Scheiben Vollkornbrot, getoastet
- 1 reife Avocado, entkernt und in Scheiben geschnitten
- 200 g Cherrytomaten, halbiert
- 1 EL natives Olivenöl extra
- 1 TL Balsamico-Essig
- 1 kleine rote Zwiebel, fein gewürfelt
- 1 kleine Knoblauchzehe, fein gehackt
- 2 EL gehackte Petersilie
- 1 EL gehackte Basilikumblätter
- 1 TL Chiliflocken (optional)
- Salz und Pfeffer, nach Geschmack

Zubereitung:

1. Zuerst die Cherrytomaten und die rote Zwiebel in einer kleinen Schüssel mit Olivenöl, Balsamico-Essig, Knoblauch, Petersilie und Basilikum vermischen. Mit Salz und Pfeffer abschmecken und beiseite stellen.

2. Die Avocado vorsichtig entkernen und in Scheiben schneiden. Lege die Avocado-Scheiben auf die getoasteten Vollkornbrotscheiben und drücke sie leicht an, damit sie gut haften.

3. Die Tomatenmischung gleichmäßig auf den Avocado-Brotscheiben verteilen und mit Chiliflocken bestreuen, falls gewünscht.

4. Sofort servieren und genießen! Dieses köstliche Avocado-Brot mit Tomaten ist nicht nur ein farbenfrohes Frühstück, sondern auch ideal für eine entzündungshemmende Ernährung.

Granola mit Nüssen und Samen

Zubereitungszeit: 20 Minuten
Portionen: 2

Zutaten:

- 80 g Haferflocken, grob
- 30 g Quinoa, ungespült
- 40 g Mandeln, grob gehackt
- 40 g Walnüsse, grob gehackt
- 20 g Chiasamen
- 20 g Leinsamen, geschrotet
- 1 EL Kokosöl, geschmolzen
- 2 TL Honig, flüssig
- 1 TL Zimt, gemahlen
- 1 Prise Salz
- 60 ml Apfelmus, ungesüßt

Zubereitung:

1. Heize den Backofen auf 180 °C Ober-/Unterhitze vor und lege ein Backblech mit Backpapier aus.

2. In einer großen Schüssel vermische die Haferflocken, Quinoa, Mandeln, Walnüsse, Chiasamen und geschroteten Leinsamen miteinander.

3. In einer kleinen Schüssel vermenge das geschmolzene Kokosöl, flüssigen Honig, gemahlenen Zimt und eine Prise Salz. Gib diese Mischung zu den trockenen Zutaten in der großen Schüssel und verrühre alles gründlich, sodass die trockenen Zutaten gleichmäßig mit der Flüssigkeit bedeckt sind.

4. Verteile die Granola-Mischung gleichmäßig auf dem vorbereiteten Backblech und backe sie für etwa 10-12 Minuten, bis sie goldbraun und knusprig ist. Achte darauf, dass sie nicht verbrennt, indem du sie zwischendurch einmal umrührst.

5. Nimm das Granola aus dem Ofen und lasse es auf dem Backblech abkühlen. Sobald es abgekühlt ist, gib 60 ml Apfelmus darüber und vermische alles gründlich.

6. Serviere dein köstliches Granola mit Nüssen und Samen in einer Schüssel und genieße es zum Frühstück mit Joghurt oder Milch.

Quinoa-Frühstücksauflauf

Zubereitungszeit: 30 Minuten
Portionen: 2

Zutaten:

- 150 g Quinoa, gründlich gewaschen
- 250 ml Gemüsebrühe
- 2 EL Kokosöl, geschmolzen
- 1 mittelgroße Zucchini, gewürfelt
- 1 rote Paprika, entkernt und gewürfelt
- 100 g Kirschtomaten, halbiert
- 1 kleine rote Zwiebel, fein gewürfelt
- 2 Bio-Eier, leicht verquirlt
- 1 TL Kurkuma, gemahlen
- 1 TL Kreuzkümmel, gemahlen
- 2 EL frische Petersilie, gehackt
- 1 EL frische Minze, gehackt
- 1 EL Bio-Zitronensaft
- Salz und Pfeffer, nach Geschmack

Zubereitung:

1. Heize den Backofen auf 180 °C vor. In einem Topf die Gemüsebrühe zum Kochen bringen, dann das Quinoa hinzugeben und für 12-15 Minuten köcheln lassen, bis das Quinoa weich ist und die Flüssigkeit aufgenommen hat. Beiseite stellen und leicht abkühlen lassen.

2. Während das Quinoa kocht, erhitze 1 EL Kokosöl in einer Pfanne und brate die Zucchini, Paprika und Zwiebel für etwa 5 Minuten an, bis sie weich sind. Füge die Kirschtomaten hinzu und brate sie für weitere 2-3 Minuten, bis sie leicht geplatzt sind. Nimm die Pfanne vom Herd und lasse das Gemüse abkühlen.

3. In einer großen Schüssel das leicht abgekühlte Quinoa, das Gemüse, die Eier, Kurkuma, Kreuzkümmel, Petersilie, Minze und Zitronensaft vermengen. Schmecke die Mischung mit Salz und Pfeffer ab.

4. Eine kleine Auflaufform (etwa 20 x 20 cm) mit dem restlichen EL Kokosöl einfetten. Die Quinoa-Gemüse-Mischung in die Form geben und gleichmäßig verteilen.

5. Den Auflauf im vorgeheizten Backofen für etwa 20 Minuten backen, bis die Eier gestockt sind und die Oberfläche leicht gebräunt ist. Lass den Auflauf kurz ruhen, bevor du ihn in Portionen schneidest und servierst.

Shakshuka mit Spinat

Zubereitungszeit: 25 Minuten
Portionen: 2

Zutaten:

- 200 g frischer Spinat, gewaschen und grob gehackt
- 4 Bio-Eier, zimmerwarm
- 1 EL natives Olivenöl extra
- 1 Zwiebel, fein gewürfelt
- 2 Knoblauchzehen, fein gehackt
- 400 g Kirschtomaten, halbiert
- 1 rote Paprika, entkernt und in kleine Stücke geschnitten
- 1 EL Tomatenmark
- 1/2 TL Kreuzkümmel
- 1/2 TL Paprikapulver
- 1/4 TL Cayennepfeffer
- Salz und Pfeffer, nach Geschmack
- 2 EL frisch gehackte Petersilie
- 1 EL frisch gehackter Koriander

Zubereitung:

1. Erhitze das Olivenöl in einer großen Pfanne bei mittlerer Hitze. Gib die Zwiebeln und den Knoblauch hinein und brate sie etwa 3 Minuten an, bis sie weich und duftend sind.

2. Füge die Paprikastücke hinzu und brate sie weitere 2 Minuten mit an, bis sie etwas weich geworden sind.

3. Gib nun die halbierten Kirschtomaten und das Tomatenmark in die Pfanne. Lasse alles für etwa 5 Minuten köcheln, bis die Tomaten weich werden und leicht zusammenfallen.

4. Streue den Kreuzkümmel, das Paprikapulver und den Cayennepfeffer über das Gemüse. Rühre alles gut um und lasse es nochmals 1-2 Minuten köcheln, damit die Gewürze ihren Geschmack entfalten können.

5. Gib den gehackten Spinat in die Pfanne und rühre ihn unter das Gemüse. Lass ihn für etwa 2 Minuten zusammenfallen und würze alles mit Salz und Pfeffer.

6. Mit einem Löffel forme nun vier Vertiefungen im Gemüse für die Eier. Schlage vorsichtig je ein Ei in jede Vertiefung und reduziere die Hitze auf niedrig. Decke die Pfanne ab und lasse alles für etwa 6-8 Minuten köcheln, bis die Eiweiße gestockt sind, aber das Eigelb noch weich ist.

7. Bestreue die Shakshuka zum Schluss mit der gehackten Petersilie und dem Koriander. Serviere sie direkt aus der Pfanne, am besten mit etwas Vollkornbrot zum Eintunken.

Kürbis-Waffeln

Zubereitungszeit: 20 Minuten
Portionen: 2

Zutaten:

- 200 g Hokkaido-Kürbis, geschält und in kleine Würfel geschnitten
- 120 g Dinkelvollkornmehl
- 1 TL Backpulver
- 1 EL Chiasamen, eingeweicht in 3 EL Wasser für 10 Minuten
- 50 ml Mandelmilch
- 1 EL Ahornsirup
- 1 TL Zimt
- 1 Prise Salz
- 1 EL Kokosöl, geschmolzen
- 1 Handvoll Walnüsse, grob gehackt

Zubereitung:

1. Setze deinen Waffeleisen auf mittlere Hitze und lass ihn aufheizen.

2. Währenddessen koche den gewürfelten Kürbis in einem kleinen Topf mit wenig Wasser für etwa 5 Minuten, bis er weich ist. Gieße das Wasser ab und püriere den Kürbis mit einem Pürierstab oder einer Gabel zu einer glatten Masse.

3. In einer großen Schüssel mische das Dinkelvollkornmehl, Backpulver, Zimt und Salz miteinander.

4. Gib die eingeweichten Chiasamen, die Mandelmilch, den Ahornsirup und das geschmolzene Kokosöl in die Schüssel mit den trockenen Zutaten. Vermische alles gut miteinander.

5. Füge nun das Kürbispüree und die gehackten Walnüsse hinzu und rühre alles zu einem homogenen Teig.

6. Bestreiche das heiße Waffeleisen mit etwas Kokosöl. Gib jeweils eine Portion des Teigs auf das Waffeleisen und backe die Waffeln für etwa 4-5 Minuten, bis sie goldbraun und knusprig sind.

7. Wiederhole den Vorgang, bis der gesamte Teig aufgebraucht ist. Serviere die Kürbis-Waffeln heiß mit etwas Ahornsirup oder deinem Lieblingsaufstrich.

Beilagen

Mediterranes Ofengemüse

Zubereitungszeit: 30 Minuten
Portionen: 2

Zutaten:

- 200 g Kichererbsen, abgetropft und abgespült
- 1 kleine Zucchini, gewaschen und in Halbmonde geschnitten
- 1 kleine Aubergine, gewaschen und in Würfel geschnitten
- 1 rote Paprika, entkernt und in Streifen geschnitten
- 1 gelbe Paprika, entkernt und in Streifen geschnitten
- 150 g Kirschtomaten, halbiert
- 1 kleine rote Zwiebel, geschält und in Spalten geschnitten
- 2 Knoblauchzehen, geschält und fein gehackt
- 4 EL natives Olivenöl extra
- 1 TL getrockneter Oregano
- 1 TL getrockneter Thymian
- 1 TL getrockneter Rosmarin
- 1/2 TL Chiliflocken (optional)
- Salz und Pfeffer zum Abschmecken
- 2 EL frisch gehackte Petersilie zum Garnieren

Zubereitung:

1. Heize zuerst den Backofen auf 200 °C (Umluft) vor. In der Zwischenzeit bereitest du das Gemüse vor, wie oben beschrieben.

2. Lege ein Backblech mit Backpapier aus und verteile das vorbereitete Gemüse darauf. Achte darauf, dass das Gemüse gleichmäßig auf dem Blech verteilt ist, damit es gleichmäßig gart.

3. Vermische das Olivenöl, den Knoblauch, Oregano, Thymian, Rosmarin und Chiliflocken (falls verwendet) in einer kleinen Schüssel. Gieße die Mischung über das Gemüse und mische alles gut durch, sodass das Gemüse gleichmäßig mit der Öl-Kräutermischung bedeckt ist. Würze das Gemüse mit Salz und Pfeffer nach Geschmack.

4. Schiebe das Backblech in den vorgeheizten Ofen und backe das Gemüse für 20-25 Minuten, oder bis es weich und leicht gebräunt ist. Wende das Gemüse nach etwa der Hälfte der Backzeit, um es gleichmäßig garen zu lassen.

5. Nimm das Ofengemüse aus dem Ofen und lasse es kurz abkühlen. Verteile es dann auf zwei Tellern und garniere es mit der frisch gehackten Petersilie. Dein mediterranes Ofengemüse ist nun fertig zum Genießen!

Bunter Quinoasalat

Zubereitungszeit: 25 Minuten
Portionen: 2

Zutaten:

- 120 g Quinoa, gut gespült
- 300 ml Wasser
- 1/2 TL Salz
- 150 g Radieschen, geviertelt
- 1 kleiner Fenchel, in dünne Scheiben geschnitten
- 1 gelbe Paprika, in kleine Würfel geschnitten
- 2 Frühlingszwiebeln, in feine Ringe geschnitten
- 1 Handvoll frische Petersilie, grob gehackt
- 1 Handvoll frische Minze, grob gehackt
- 2 EL Kürbiskerne, geröstet
- 1 EL Leinsamen, geschrotet
- **Für das Dressing:**
- 2 EL natives Olivenöl extra
- 1 EL Bio-Zitronensaft
- 1 TL Apfelessig
- 1/2 TL Dijon-Senf
- 1/4 TL Kurkuma, gemahlen
- Salz und Pfeffer nach Geschmack

Zubereitung:

1. Gib den gut gespülten Quinoa in einen Topf mit 300 ml Wasser und 1/2 TL Salz. Koche den Quinoa auf mittlerer Hitze auf und lasse ihn dann bei niedriger Hitze 15 Minuten köcheln, bis das Wasser aufgesogen ist. Nimm den Topf vom Herd und lasse den Quinoa noch 5 Minuten ruhen. Lockere ihn danach mit einer Gabel auf und lasse ihn abkühlen.

2. Während der Quinoa abkühlt, bereite das Gemüse vor: Schneide die Radieschen in Viertel, den Fenchel in dünne Scheiben, die gelbe Paprika in kleine Würfel und die Frühlingszwiebeln in feine Ringe. Hacke die Petersilie und die Minze grob.

3. Bereite das Dressing zu: Vermische 2 EL Olivenöl, 1 EL Zitronensaft, 1 TL Apfelessig, 1/2 TL Dijon-Senf und 1/4 TL gemahlenen Kurkuma in einer kleinen Schüssel. Schmecke das Dressing mit Salz und Pfeffer ab.

4. Gib den abgekühlten Quinoa in eine große Salatschüssel. Füge das vorbereitete Gemüse, die gehackten Kräuter, die gerösteten Kürbiskerne und den geschroteten Leinsamen hinzu. Vermenge alles gut miteinander.

5. Gieße das Dressing über den Salat und vermische alles noch einmal gründlich. Lass den Salat kurz durchziehen und serviere ihn dann als leckere Beilage.

Linsen-Tomaten-Gratin

Zubereitungszeit: 30 Minuten
Portionen: 2

Zutaten:

- 150 g rote Linsen, abgespült und abgetropft
- 300 ml Gemüsebrühe
- 200 g Kirschtomaten, halbiert
- 1 Zucchini, gewürfelt
- 1 Knoblauchzehe, fein gehackt
- 1 EL natives Olivenöl extra
- 1 EL Balsamico-Essig
- 1 TL Honig
- 1 TL getrockneter Thymian
- Salz und Pfeffer, nach Geschmack
- 40 g Mandelblättchen, geröstet
- 2 EL frische Petersilie, fein gehackt

Zubereitung:

1. Zuerst erhitzt du das Olivenöl in einer Pfanne und gibst die Knoblauchzehe hinein. Dünste sie für etwa 1 Minute an, bis sie duftet.

2. Füge nun die gewürfelte Zucchini hinzu und brate sie für 3-4 Minuten an, bis sie leicht gebräunt ist. Mit Salz und Pfeffer würzen und beiseitestellen.

3. In der Zwischenzeit koche die roten Linsen in der Gemüsebrühe für etwa 10 Minuten, bis sie weich, aber noch bissfest sind.

4. Heize den Ofen auf 200 °C vor.

5. In einer Auflaufform verteilst du die halbierten Kirschtomaten und die gebratenen Zucchini. Gib die gekochten Linsen darüber und vermische alles vorsichtig.

6. In einer kleinen Schüssel mische Balsamico-Essig, Honig und Thymian. Verteile die Mischung gleichmäßig über das Gemüse in der Auflaufform.

7. Lege die Auflaufform in den vorgeheizten Ofen und backe das Gratin für etwa 15 Minuten, bis die Tomaten weich und leicht gebräunt sind.

8. In der Zwischenzeit röste die Mandelblättchen in einer Pfanne ohne Fett, bis sie goldbraun sind. Achte darauf, dass sie nicht verbrennen!

9. Nimm das Gratin aus dem Ofen und bestreue es mit den gerösteten Mandelblättchen und der fein gehackten Petersilie. Serviere das Linsen-Tomaten-Gratin heiß.

Blumenkohlreis

Zubereitungszeit: 20 Minuten
Portionen: 2

Zutaten:

- 1 kleiner Blumenkohl (ca. 500 g), in Röschen zerteilt
- 2 EL natives Olivenöl extra
- 1 rote Paprika, gewürfelt
- 1 Zucchini, gewürfelt
- 2 Frühlingszwiebeln, in feine Ringe geschnitten
- 1 Knoblauchzehe, fein gehackt
- 1 TL frischer Ingwer, fein gehackt
- 2 EL Tamari (glutenfreie Sojasauce)
- 1 EL Apfelessig
- 1 TL Kurkuma
- 1 TL Kreuzkümmel
- 1/4 TL Chiliflocken (optional)
- 1 EL frischer Koriander, gehackt
- 1 EL frische Petersilie, gehackt
- Salz und Pfeffer zum Abschmecken

Zubereitung:

1. Gib die Blumenkohlröschen in eine Küchenmaschine und zerkleinere sie, bis sie die Konsistenz von Reis haben. Du kannst dies auch mit einer groben Reibe tun.

2. Erhitze das Olivenöl in einer großen Pfanne bei mittlerer Hitze. Füge die gewürfelte Paprika und Zucchini hinzu und brate sie für etwa 4 Minuten, bis sie leicht gebräunt und weich sind.

3. Gib die Frühlingszwiebeln, den Knoblauch und den Ingwer in die Pfanne und brate sie weitere 2 Minuten, bis sie duftend sind.

4. Füge den zerkleinerten Blumenkohl, Tamari, Apfelessig, Kurkuma, Kreuzkümmel und Chiliflocken (falls verwendet) hinzu. Rühre alles gut durch und lasse es weitere 5 Minuten köcheln, bis der Blumenkohl weich, aber noch bissfest ist.

5. Schmecke den Blumenkohlreis mit Salz und Pfeffer ab und nimm die Pfanne vom Herd. Rühre den frischen Koriander und die Petersilie unter.

6. Serviere den Blumenkohlreis als Beilage zu deinem Lieblingsgericht oder genieße ihn als leichte Mahlzeit.

Süßkartoffelstampf

Zubereitungszeit: 25 Minuten
Portionen: 2

Zutaten:

- 500 g Süßkartoffeln, geschält und in Würfel geschnitten
- 200 ml Kokosmilch
- 2 EL frischer Ingwer, fein gehackt
- 1 EL Kokosöl
- 1 TL Kurkuma, gemahlen
- 1 TL Kreuzkümmel, gemahlen
- 1/2 TL Zimt, gemahlen
- 2 EL frischer Koriander, grob gehackt
- Salz und Pfeffer nach Geschmack

Zubereitung:

1. Setze einen mittelgroßen Topf mit Wasser auf und bringe es zum Kochen. Gib die Süßkartoffelwürfel hinein und koche sie für etwa 15 Minuten, oder bis sie weich sind.

2. In der Zwischenzeit erhitze das Kokosöl in einer Pfanne auf mittlerer Hitze. Füge den fein gehackten Ingwer hinzu und dünste ihn für 2 Minuten, bis er duftend ist.

3. Gib Kurkuma, Kreuzkümmel und Zimt in die Pfanne und rühre alles gut um. Lass die Gewürze für etwa 1 Minute anrösten, um ihre Aromen freizusetzen.

4. Sobald die Süßkartoffeln weich sind, gieße das Wasser ab und lasse sie kurz abtropfen. Füge die Gewürz-Ingwer-Mischung aus der Pfanne sowie die Kokosmilch hinzu.

5. Verwende einen Kartoffelstampfer, um die Süßkartoffeln zu zerdrücken und die Zutaten miteinander zu vermischen. Du kannst auch einen Handmixer verwenden, um eine noch cremigere Konsistenz zu erzielen. Schmecke mit Salz und Pfeffer ab.

6. Verteile den Süßkartoffelstampf auf zwei Tellern und garniere ihn mit dem grob gehackten Koriander. Voilà, dein aromatischer Süßkartoffelstampf ist fertig zum Genießen!

Grüne Bohnen mit Mandeln

Zubereitungszeit: 20 Minuten
Portionen: 2

Zutaten:

- 250 g grüne Bohnen, geputzt und halbiert
- 50 g Mandeln, grob gehackt
- 1 EL natives Olivenöl extra
- 1 TL frischer Ingwer, fein gehackt
- 2 Knoblauchzehen, fein gehackt
- 150 ml Gemüsebrühe
- 1 EL Apfelessig
- 1 TL Dijon-Senf
- 1 EL frische Petersilie, fein gehackt
- Salz und Pfeffer nach Geschmack

Zubereitung:

1. In einer großen Pfanne das Olivenöl bei mittlerer Hitze erwärmen. Die gehackten Mandeln hinzufügen und unter gelegentlichem Rühren anrösten, bis sie goldbraun sind. Anschließend die Mandeln aus der Pfanne nehmen und beiseite stellen.

2. Nun den fein gehackten Ingwer und Knoblauch in die Pfanne geben und für etwa 1 Minute anschwitzen, bis sie ihr Aroma entfalten.

3. Die halbierten grünen Bohnen in die Pfanne geben und für 2-3 Minuten anbraten, bis sie leicht Farbe annehmen. Die Gemüsebrühe hinzufügen, die Hitze reduzieren und die Bohnen für etwa 5-7 Minuten köcheln lassen, bis sie gar sind, aber noch etwas Biss haben.

4. Währenddessen in einer kleinen Schüssel Apfelessig und Dijon-Senf verrühren. Diese Mischung zu den Bohnen in die Pfanne geben und gut vermengen.

5. Zum Schluss die gerösteten Mandeln und die fein gehackte Petersilie über die Bohnen streuen. Mit Salz und Pfeffer abschmecken und alles gut vermischen.

Gebackene Pastinaken

Zubereitungszeit: 30 Minuten
Portionen: 2

Zutaten:

- 400 g Pastinaken, geschält und in 1 cm dicke Streifen geschnitten
- 2 EL natives Olivenöl extra
- 1 TL frisch gehackter Rosmarin
- 1 TL frisch gehackter Thymian
- 2 Knoblauchzehen, fein gehackt
- 30 g Mandelblättchen, grob gehackt
- 1/2 TL Paprikapulver, edelsüß
- 1/2 TL Kreuzkümmel, gemahlen
- Salz und Pfeffer, nach Geschmack
- 2 EL frisch gehackte Petersilie, zum Garnieren

Zubereitung:

1. Heize den Backofen auf 200 °C Ober-/Unterhitze vor. Lege ein Backblech mit Backpapier aus.

2. In einer großen Schüssel mischst du die Pastinakenstreifen mit dem Olivenöl, Rosmarin, Thymian und Knoblauch, sodass sie gleichmäßig ummantelt sind.

3. Verteile die gewürzten Pastinaken gleichmäßig auf dem vorbereiteten Backblech. Achte darauf, dass sie in einer einzigen Schicht liegen und nicht übereinander.

4. In einer kleinen Schüssel vermengst du die gehackten Mandelblättchen mit Paprikapulver und Kreuzkümmel.

5. Bestreue die Pastinaken mit der Mandel-Gewürzmischung und würze sie mit Salz und Pfeffer nach Geschmack.

6. Schiebe das Backblech in den vorgeheizten Backofen und backe die Pastinaken für etwa 20 Minuten, oder bis sie zart und leicht gebräunt sind.

7. Nimm das Blech aus dem Ofen und lasse die gebackenen Pastinaken kurz abkühlen. Anschließend verteilst du sie auf zwei Teller und garnierst sie mit der frisch gehackten Petersilie.

Zucchini-Fenchel-Gemüse

Zubereitungszeit: 25 Minuten
Portionen: 2

Zutaten:

- 1 mittelgroße Zucchini, gewaschen, Enden entfernt und in Scheiben geschnitten
- 1 mittelgroßer Fenchel, geputzt, Strunk entfernt und in dünne Streifen geschnitten
- 2 EL natives Olivenöl extra
- 1 Knoblauchzehe, geschält und fein gehackt
- 1 TL frischer Ingwer, geschält und fein gehackt
- 1 EL frischer Bio-Zitronensaft
- 1/2 TL Kreuzkümmel, gemahlen
- 1/2 TL Kurkuma, gemahlen
- 1/4 TL Chiliflocken (optional)
- 2 EL gehackte Petersilie
- Salz und Pfeffer nach Geschmack

Zubereitung:

1. Erhitze das Olivenöl in einer großen Pfanne über mittlerer Hitze. Gib den Knoblauch und den Ingwer hinein und brate sie für etwa 1-2 Minuten an, bis sie duftend sind.

2. Füge die Zucchinischeiben und Fenchelstreifen hinzu. Verteile das Gemüse gleichmäßig in der Pfanne und brate es für etwa 5-6 Minuten, bis es leicht gebräunt und etwas weich geworden ist. Rühre das Gemüse dabei gelegentlich um.

3. Gib den Kreuzkümmel, Kurkuma und Chiliflocken (falls verwendet) in die Pfanne. Vermische alles gut und brate das Gemüse für weitere 1-2 Minuten, damit die Gewürze ihr Aroma entfalten können.

4. Drücke den Zitronensaft über das Gemüse und rühre alles gut durch. Schmecke das Zucchini-Fenchel-Gemüse mit Salz und Pfeffer ab und lasse es noch 1-2 Minuten köcheln, damit die Aromen gut miteinander verschmelzen.

5. Zum Schluss bestreue das Gemüse mit der gehackten Petersilie und serviere es als Beilage zu deinem Lieblingsgericht.

Rote-Bete-Apfel-Coleslaw

Zubereitungszeit: 20 Minuten
Portionen: 2

Zutaten:

- 200 g Rote Bete, geschält und grob geraspelt
- 1 kleiner Apfel, gewaschen, entkernt und grob geraspelt
- 100 g Weißkohl, fein geschnitten
- 1 kleiner roter Zwiebel, fein gewürfelt
- 2 EL Walnüsse, grob gehackt
- 1 EL frische Petersilie, fein gehackt
- 2 EL natives Olivenöl extra
- 1 EL Apfelessig
- 1 TL Honig
- 1 TL Senf
- Salz und Pfeffer nach Geschmack

Zubereitung:

1. In einer großen Schüssel die geraspelte Rote Bete, den geraspelten Apfel, den fein geschnittenen Weißkohl und die fein gewürfelte rote Zwiebel miteinander vermengen.

2. In einer kleinen Schüssel das Olivenöl, den Apfelessig, den Honig und den Senf miteinander verrühren, um ein Dressing zu erhalten. Mit Salz und Pfeffer abschmecken.

3. Das Dressing über die Rote-Bete-Apfel-Coleslaw-Mischung geben und gut vermischen, sodass alle Zutaten gleichmäßig mit dem Dressing bedeckt sind.

4. Die grob gehackten Walnüsse und die fein gehackte Petersilie darüberstreuen und nochmals vorsichtig vermengen.

5. Den Rote-Bete-Apfel-Coleslaw für etwa 10 Minuten im Kühlschrank ziehen lassen, damit sich die Aromen entfalten können. Anschließend nochmals abschmecken und bei Bedarf nachwürzen.

6. Den Rote-Bete-Apfel-Coleslaw auf Tellern anrichten und servieren. Guten Appetit!

Geröstete Kichererbsen mit Karotten

Zubereitungszeit: 30 Minuten
Portionen: 2

Zutaten:

- 250 g Kichererbsen, abgetropft und abgespült
- 300 g Karotten, geschält und in dünne Scheiben geschnitten
- 2 EL natives Olivenöl extra
- 1 EL Bio-Zitronensaft, frisch gepresst

- 1 TL Dijon-Senf
- 1 TL Honig
- 1 TL Kreuzkümmel, gemahlen
- 1 TL Paprikapulver, edelsüß
- 1/2 TL Meersalz
- 1/4 TL Pfeffer, frisch gemahlen
- 2 EL Petersilie, fein gehackt

Zubereitung:

1. Heize den Backofen auf 200 °C vor und lege ein Backblech mit Backpapier aus.

2. Verteile die abgetropften Kichererbsen und die in Scheiben geschnittenen Karotten auf dem vorbereiteten Backblech. Träufle 1 EL Olivenöl darüber und mische alles gut durch, sodass die Zutaten gleichmäßig mit Öl bedeckt sind.

3. Röste die Kichererbsen und Karotten im vorgeheizten Backofen für 20-25 Minuten, bis sie goldbraun und knusprig sind. Wende sie nach der Hälfte der Zeit, damit sie gleichmäßig garen.

4. Während die Kichererbsen und Karotten im Ofen sind, bereite das Dressing vor: Vermische in einer kleinen Schüssel den Zitronensaft, Dijon-Senf, Honig, Kreuzkümmel, Paprikapulver, Meersalz und frisch gemahlenen Pfeffer.

5. Nimm die gerösteten Kichererbsen und Karotten aus dem Ofen und gib sie in eine große Schüssel. Gieße das Dressing darüber und vermische alles gründlich, sodass die Zutaten gut mit dem Dressing überzogen sind.

6. Verteile die gerösteten Kichererbsen und Karotten auf zwei Tellern, garniere sie mit der fein gehackten Petersilie und serviere sie als köstliche Beilage.

Desserts

Himbeer-Chia-Pudding

Zubereitungszeit: 15 Minuten + 2 Stunden Kühlzeit
Portionen: 2

Zutaten:

- 200 g frische Himbeeren, gewaschen und abgetropft
- 300 ml Kokosmilch, gut geschüttelt
- 50 g Chiasamen
- 2 EL Ahornsirup
- 1 TL Vanilleextrakt
- 1 TL Bio-Zitronensaft, frisch gepresst
- 1 EL Kokosraspeln, zum Garnieren
- 1 EL gehackte Pistazien, zum Garnieren

Zubereitung:

1. Nimm eine Schüssel und püriere die gewaschenen und abgetropften Himbeeren mit einer Gabel oder einem Pürierstab, bis sie eine sämige Konsistenz erreichen. Gib den frisch gepressten Zitronensaft dazu und rühre alles gut durch.

2. In einer zweiten Schüssel vermische die Kokosmilch, Chiasamen, Ahornsirup und Vanilleextrakt. Rühre alles gut durch, sodass sich die Chiasamen gleichmäßig in der Mischung verteilen.

3. Lasse die Chia-Milch-Mischung etwa 10 Minuten stehen, bis die Chiasamen etwas gequollen sind. Rühre die Mischung zwischendurch noch einmal gut durch.

4. Verteile nun die Hälfte der Himbeer-Püree in zwei Gläser oder Dessertschälchen. Gib darauf die Chia-Milch-Mischung und fülle die Gläser auf.

5. Stelle die Gläser für mindestens 2 Stunden in den Kühlschrank, damit der Pudding fest wird und die Chiasamen weiter quellen können.

6. Vor dem Servieren garniere den Himbeer-Chia-Pudding mit Kokosraspeln und gehackten Pistazien. Genieße diesen köstlichen und gesunden Nachtisch!

Avocado-Schokoladenmousse

Zubereitungszeit: 15 Minuten
Portionen: 2

Zutaten:

- 1 reife Avocado, halbiert, entkernt und das Fruchtfleisch herausgelöst
- 50 g Zartbitter-Schokolade (mind. 70% Kakao), grob gehackt
- 120 ml Kokosmilch, gut geschüttelt
- 2 EL Ahornsirup
- 1 EL ungesüßtes Kakaopulver
- 1/2 TL gemahlener Ingwer
- 1/2 TL gemahlener Zimt
- 1/4 TL gemahlene Vanille
- 1 Prise Salz
- 2 EL gehackte Nüsse (z.B. Walnüsse, Mandeln), zum Dekorieren
- 1 EL frische Minzblätter, zum Dekorieren

Zubereitung:

1. Die grob gehackte Zartbitter-Schokolade in einer Schüssel über einem heißen Wasserbad schmelzen lassen. Achte darauf, dass die Schüssel den Wasserdampf nicht berührt. Wenn die Schokolade geschmolzen ist, nimm sie vom Herd und lass sie etwas abkühlen.

2. Während die Schokolade abkühlt, gib das Avocado-Fruchtfleisch zusammen mit der Kokosmilch, dem Ahornsirup, dem Kakaopulver, dem gemahlenen Ingwer, dem gemahlenen Zimt, der gemahlenen Vanille und der Prise Salz in einen Mixer oder eine Küchenmaschine.

3. Mixe alle Zutaten bei mittlerer Geschwindigkeit, bis sie eine cremige, homogene Masse ergeben. Kratze die Seiten der Küchenmaschine oder des Mixers nach Bedarf ab, um sicherzustellen, dass alles gut vermischt ist.

4. Sobald die Schokolade abgekühlt ist, gieße sie in den Mixer oder die Küchenmaschine zur Avocado-Mischung und mixe alles erneut, bis die Schokolade vollständig eingearbeitet ist.

5. Verteile das Avocado-Schokoladenmousse gleichmäßig auf zwei Dessertschalen und decke sie mit Frischhaltefolie ab. Lass das Mousse für mindestens 1 Stunde im Kühlschrank fest werden.

6. Vor dem Servieren streue die gehackten Nüsse über das Mousse und garniere mit frischen Minzblättern.

Kokos-Ananas-Sorbet

Zubereitungszeit: 15 Minuten
Portionen: 2

Zutaten:

- 200 g Ananas, frisch und gewürfelt
- 100 ml Kokosmilch, gut geschüttelt
- 2 EL Ahornsirup
- 1 TL Bio-Limettensaft, frisch gepresst
- 1 Prise Salz
- 1 TL Kokosraspeln, zum Dekorieren
- Minzblätter, zum Dekorieren

Zubereitung:

1. Zuerst die frische Ananas schälen und in kleine Würfel schneiden. Etwa 200 g Ananaswürfel abmessen.

2. Die Kokosmilch gut schütteln und 100 ml in einen Standmixer oder eine Küchenmaschine geben.

3. Die gewürfelte Ananas, 2 EL Ahornsirup, 1 TL frisch gepressten Limettensaft und eine Prise Salz hinzufügen. Alles zusammen auf höchster Stufe pürieren, bis eine cremige und glatte Masse entsteht.

4. Die Masse in einen flachen Behälter geben und für mindestens 4 Stunden ins Gefrierfach stellen, damit das Sorbet fest wird. Zwischendurch alle 30 Minuten umrühren, damit eine gleichmäßige Konsistenz entsteht.

5. Vor dem Servieren das Sorbet aus dem Gefrierfach nehmen und kurz antauen lassen. Mit einem Eisportionierer oder einem Löffel Kugeln formen und in Dessertschalen oder -gläser verteilen.

6. Das Kokos-Ananas-Sorbet mit Kokosraspeln und Minzblättern garnieren. Sofort servieren und genießen!

Apfel-Birnen-Crumble

Zubereitungszeit: 30 Minuten
Portionen: 2

Zutaten:

- 2 mittelgroße Äpfel, geschält, entkernt und in Würfel geschnitten
- 2 mittelgroße Birnen, geschält, entkernt und in Würfel geschnitten
- 50 g gemahlene Mandeln
- 40 g Haferflocken
- 20 g Kokosraspeln
- 2 EL Ahornsirup
- 1 TL Zimt
- 1/2 TL Ingwerpulver
- 1 EL Kokosöl, geschmolzen
- 1 Prise Salz
- 200 g Naturjoghurt (optional)

Zubereitung:

1. Heize den Ofen auf 180°C (Ober-/Unterhitze) vor und lege eine Auflaufform (ca. 20 x 20 cm) mit Backpapier aus.

2. Verteile die gewürfelten Äpfel und Birnen gleichmäßig in der vorbereiteten Auflaufform.

3. In einer Schüssel die gemahlenen Mandeln, Haferflocken, Kokosraspeln, Zimt, Ingwerpulver und Salz vermischen. Gib anschließend das geschmolzene Kokosöl und den Ahornsirup hinzu und vermische alles gut miteinander.

4. Streue die Mandel-Haferflocken-Mischung gleichmäßig über den Äpfeln und Birnen in der Auflaufform.

5. Backe den Apfel-Birnen-Crumble im vorgeheizten Ofen für etwa 20 Minuten oder bis die Streusel goldbraun sind.

6. Nimm den Crumble aus dem Ofen und lasse ihn kurz abkühlen. Serviere ihn warm, eventuell mit etwas Naturjoghurt.

Heidelbeer-Joghurt-Eis

Zubereitungszeit: 15 Minuten
Portionen: 2

Zutaten:

- 150 g frische Heidelbeeren, gewaschen und abgetropft
- 200 g fettarmer Naturjoghurt (1,5 % Fett)
- 2 EL Honig
- 1 EL Bio-Zitronensaft, frisch gepresst
- 1 TL Vanilleextrakt
- 50 ml Kokosmilch
- 1 EL Chiasamen
- 1 Prise Zimt

Zubereitung:

1. Gib die gewaschenen Heidelbeeren in einen Mixer oder eine Küchenmaschine und püriere sie zu einer glatten Masse.

2. Füge den fettarmen Naturjoghurt, Honig, Zitronensaft und Vanilleextrakt zu den Heidelbeeren im Mixer hinzu. Mixe alles gründlich durch, bis eine gleichmäßige und cremige Konsistenz entsteht.

3. Gieße die Kokosmilch in die Heidelbeer-Joghurt-Masse und mixe erneut, bis alles gut vermischt ist.

4. Streue die Chiasamen und eine Prise Zimt über die Mischung und verrühre alles nochmals kurz.

5. Fülle die Heidelbeer-Joghurt-Eis-Masse in einen Behälter oder in Eisförmchen und stelle sie für mindestens 4 Stunden in das Gefrierfach, bis das Eis fest geworden ist.

6. Nimm das Eis aus dem Gefrierfach und lasse es kurz antauen, bevor du es servierst. Genieße dein selbstgemachtes, entzündungshemmendes Heidelbeer-Joghurt-Eis!

Süßkartoffel-Brownies

Zubereitungszeit: 35 Minuten
Portionen: 2

Zutaten:

- 200 g Süßkartoffeln, geschält und gewürfelt
- 70 g Mandelmehl
- 40 g Kakaopulver, ungesüßt
- 50 ml Ahornsirup
- 2 EL Kokosöl, geschmolzen
- 1 TL Vanilleextrakt
- 1/2 TL Backpulver
- 1/4 TL Salz
- 1 EL Chiasamen
- 3 EL Wasser
- 50 g Zartbitterschokolade, gehackt

Zubereitung:

1. Heize den Backofen auf 180°C vor. Bereite eine kleine quadratische oder rechteckige Backform vor, indem du sie mit Backpapier auslegst oder mit Kokosöl einfettest.

2. Koche die Süßkartoffelwürfel in einem Topf mit Wasser für etwa 10 Minuten, bis sie weich sind. Gieße das Wasser ab und lass die Süßkartoffeln kurz abkühlen. Püriere sie anschließend mit einem Stabmixer oder einer Gabel, bis sie eine cremige Konsistenz haben.

3. In einer kleinen Schüssel vermische die Chiasamen mit dem Wasser und lass die Mischung für etwa 5 Minuten quellen. Dies dient als Ei-Ersatz.

4. In einer mittelgroßen Schüssel kombiniere das Mandelmehl, Kakaopulver, Backpulver und Salz miteinander.

5. Gib das Süßkartoffelpüree, den Ahornsirup, das geschmolzene Kokosöl, den Vanilleextrakt und die gequollenen Chiasamen zur Mehlmischung. Vermische alles gut miteinander, bis ein glatter Teig entsteht.

6. Hebe die gehackte Zartbitterschokolade vorsichtig unter den Teig.

7. Fülle den Teig in die vorbereitete Backform und streiche die Oberfläche glatt.

8. Backe die Süßkartoffel-Brownies für 20-25 Minuten im vorgeheizten Backofen, bis sie fest, aber noch leicht feucht in der Mitte sind. Lass sie in der Form etwas abkühlen, bevor du sie in Stücke schneidest und servierst.

Birnen-Zimt-Tarte

Zubereitungszeit: 35 Minuten
Portionen: 2

Zutaten:

- 2 reife Birnen, geschält und in dünne Spalten geschnitten
- 50 g Mandelmehl
- 30 g Kokosmehl
- 1 TL Zimt
- 1/2 TL Backpulver
- 1/4 TL Salz
- 30 ml Kokosöl, geschmolzen
- 20 ml Ahornsirup
- 1 Bio-Ei
- 1/2 TL Vanilleextrakt
- 2 EL gehackte Walnüsse

Zubereitung:

1. Heize den Backofen auf 180°C (Umluft) vor und lege eine Tarteform (ca. 20 cm Durchmesser) mit Backpapier aus.

2. In einer Schüssel das Mandelmehl, Kokosmehl, Zimt, Backpulver und Salz vermischen.

3. In einer anderen Schüssel das geschmolzene Kokosöl, Ahornsirup, Ei und Vanilleextrakt miteinander verquirlen.

4. Gib die flüssige Mischung zu den trockenen Zutaten und rühre alles zu einem glatten Teig.

5. Verteile den Teig gleichmäßig in der vorbereiteten Tarteform und drücke ihn mit den Fingern fest.

6. Lege die Birnenspalten in einem schönen Muster auf den Teig und drücke sie leicht hinein.

7. Bestreue die Birnen-Zimt-Tarte mit den gehackten Walnüssen und backe sie für etwa 25 Minuten im vorgeheizten Backofen, bis der Teig goldbraun und die Birnen weich sind.

8. Lass die Tarte kurz abkühlen und serviere sie lauwarm. Für ein besonderes Geschmackserlebnis kannst du noch etwas Ahornsirup darüber träufeln.

Zitronen-Cashew-Kugeln

Zubereitungszeit: 20 Minuten
Portionen: 2

Zutaten:

- 150 g Cashewkerne, geröstet und gesalzen
- 80 g Datteln, entsteint und kleingeschnitten
- 2 EL Chiasamen
- Abrieb von 1 Bio-Zitrone
- 1 EL frisch gepresster Bio-Zitronensaft
- 1 TL Kokosöl, geschmolzen
- 1 TL Kurkuma, gemahlen
- 2 EL Kokosraspeln, zum Wälzen

Zubereitung:

1. Zuerst die gerösteten Cashewkerne in einen Mixer geben und zu einer groben Textur zerkleinern. Achte darauf, dass noch kleine Stückchen vorhanden sind, um später eine angenehme Konsistenz zu erzeugen.

2. Nun füge die kleingeschnittenen Datteln, Chiasamen, Zitronenabrieb, Zitronensaft, geschmolzenes Kokosöl und gemahlenen Kurkuma hinzu. Mixe alles zusammen, bis eine klebrige Masse entsteht.

3. Anschließend forme mit sauberen Händen etwa 12 gleich große Kugeln aus der Masse. Du kannst die Größe natürlich variieren, je nachdem, wie groß oder klein du die Zitronen-Cashew-Kugeln haben möchtest.

4. Zum Schluss wälze jede Kugel in Kokosraspeln, um sie rundum zu bedecken. Lege die fertigen Kugeln auf einen Teller und stelle sie für etwa 10 Minuten in den Kühlschrank, damit sie etwas fester werden.

5. Serviere die Zitronen-Cashew-Kugeln als köstliches Dessert oder als gesunden Snack für zwischendurch. Guten Appetit!

Erdbeer-Quark-Kreation

Zubereitungszeit: 15 Minuten
Portionen: 2

Zutaten:

- 250 g Erdbeeren, gewaschen und halbiert
- 200 g Quark, cremig gerührt
- 100 ml Kokosmilch, gekühlt
- 2 EL Honig
- 1 EL Chiasamen
- 1 TL frisch geriebener Ingwer
- 1 TL Bio-Zitronensaft
- 1/2 TL gemahlener Zimt
- 1 EL gehackte Minze
- 30 g gehackte Walnüsse, geröstet

Zubereitung:

1. Gib zuerst den cremig gerührten Quark, die gekühlte Kokosmilch, den Honig, den frisch geriebenen Ingwer, den Zitronensaft und den gemahlenen Zimt in eine Schüssel. Verrühre alles gründlich miteinander, bis eine homogene Masse entsteht.

2. Füge nun die Chiasamen hinzu und rühre erneut gut durch. Lass die Mischung für etwa 5 Minuten stehen, damit die Chiasamen quellen können und die Konsistenz etwas fester wird.

3. Währenddessen bereitest du die Erdbeeren vor. Wasche sie sorgfältig, entferne den grünen Strunk und schneide sie in Hälften.

4. Röste die gehackten Walnüsse in einer Pfanne ohne Öl für ein paar Minuten, bis sie leicht gebräunt und aromatisch sind. Achte darauf, dass sie nicht verbrennen.

5. Verteile nun die Quark-Kokos-Mischung auf zwei Dessertgläser oder -schalen. Schichte die Erdbeerhälften darauf und bestreue das Ganze mit den gerösteten Walnüssen und der gehackten Minze.

6. Lass das Dessert kurz im Kühlschrank durchziehen, damit die Aromen sich optimal entfalten können. Nach etwa 5 Minuten ist deine köstliche Erdbeer-Quark-Kreation bereit zum Genießen.

Dattel-Walnuss-Kuchen

Zubereitungszeit: 20 Minuten
Portionen: 2

Zutaten:

- 100 g Datteln, entsteint und klein gehackt
- 60 g Walnüsse, grob gehackt
- 60 g Vollkornmehl
- 30 g Haferflocken
- 1 TL Backpulver
- 1/2 TL Zimt
- 1 Prise Salz
- 1 EL Chiasamen
- 50 ml Kokosmilch
- 2 EL Kokosöl, geschmolzen
- 1 EL Ahornsirup
- 1/2 TL Vanilleextrakt
- 50 ml Wasser

Zubereitung:

1. Heize den Backofen auf 180 °C vor und lege eine kleine Kuchenform (ca. 20 cm Durchmesser) mit Backpapier aus.

2. In einer Schüssel vermische das Vollkornmehl, Haferflocken, Backpulver, Zimt und Salz miteinander.

3. Gib die Chiasamen in ein kleines Schälchen und rühre sie mit dem Wasser an. Lass die Mischung etwa 5 Minuten quellen, bis sie eine gelartige Konsistenz hat.

4. In einer zweiten Schüssel vermische die entsteinten und klein gehackten Datteln, die grob gehackten Walnüsse, die Kokosmilch, das geschmolzene Kokosöl, den Ahornsirup und den Vanilleextrakt miteinander.

5. Füge nun die gequollenen Chiasamen zur Dattel-Walnuss-Mischung hinzu und rühre alles gut durch.

6. Gib die trockenen Zutaten zu den feuchten und vermische alles zu einem gleichmäßigen Teig.

7. Fülle den Teig in die vorbereitete Kuchenform und streiche ihn glatt.

8. Backe den Dattel-Walnuss-Kuchen für etwa 15-18 Minuten, bis er fest ist und leicht gebräunt. Lass ihn kurz abkühlen, bevor du ihn in Stücke schneidest und servierst.

Getränke

Goldene Milch mit Kurkuma

Zubereitungszeit: 10 Minuten
Portionen: 2

Zutaten:

- 500 ml Mandelmilch, ungesüßt
- 1 EL frischer Kurkuma, fein gerieben
- 1 TL frischer Ingwer, fein gerieben
- 1 EL Kokosöl, geschmolzen
- 1 TL Zimt, gemahlen
- 1 Prise schwarzer Pfeffer, frisch gemahlen
- 2 TL Honig, flüssig

Zubereitung:

1. Erhitze die Mandelmilch in einem kleinen Topf bei mittlerer Hitze, aber achte darauf, dass sie nicht aufkocht. Du willst sie nur leicht erwärmen.

2. Füge den fein geriebenen Kurkuma und Ingwer zur Mandelmilch hinzu. Rühre alles gut um, damit sich die Gewürze gleichmäßig verteilen.

3. Gib das geschmolzene Kokosöl, den gemahlenen Zimt und eine Prise frisch gemahlenen schwarzen Pfeffer in den Topf. Der Pfeffer verstärkt die entzündungshemmenden Eigenschaften des Kurkumas und hilft bei der Aufnahme der Nährstoffe.

4. Lass die goldene Milch etwa 5 Minuten bei niedriger Hitze köcheln, damit sich die Aromen entfalten können. Rühre dabei gelegentlich um.

5. Nimm den Topf vom Herd und füge den flüssigen Honig hinzu. Rühre nochmals gut um, damit sich der Honig vollständig auflöst und die Milch leicht süß wird.

6. Gieße die goldene Milch durch ein feines Sieb in zwei Tassen, um eventuelle Kurkuma- oder Ingwerstückchen zu entfernen. Serviere sie heiß und genieße das wohltuende Getränk.

Ingwer-Zitronen-Tee

Zubereitungszeit: 10 Minuten
Portionen: 2

Zutaten:

- 1 L Wasser
- 40 g frischer Ingwer, geschält und in dünne Scheiben geschnitten
- 1 Bio-Zitrone, gewaschen und in dünne Scheiben geschnitten
- 2 TL Honig (optional)
- 1 Prise gemahlene Kurkuma
- 1 EL frische Minzblätter, grob gehackt
- 1 TL Chiasamen

Zubereitung:

1. Setze das Wasser in einem Topf auf und bringe es zum Kochen. Währenddessen kannst du den Ingwer schälen und in dünne Scheiben schneiden. Die Zitrone gründlich waschen und ebenfalls in dünne Scheiben schneiden.

2. Sobald das Wasser kocht, füge den Ingwer und die Zitronenscheiben hinzu. Reduziere die Hitze und lasse den Tee für etwa 5 Minuten köcheln, damit die Aromen von Ingwer und Zitrone gut ins Wasser übergehen.

3. In der Zwischenzeit kannst du die Minzblätter grob hacken. Füge die gehackte Minze und die Prise gemahlene Kurkuma zum Tee hinzu und lasse alles für weitere 2 Minuten ziehen.

4. Nimm den Topf vom Herd und lasse den Tee kurz etwas abkühlen. Gib nun 1 TL Honig pro Tasse hinzu, falls du den Tee süßer magst.

5. Seihe den Tee in zwei Tassen ab und verteile jeweils 1/2 TL Chiasamen über die Tassen. Rühre den Tee kurz um, damit sich die Chiasamen gleichmäßig verteilen, und genieße den Ingwer-Zitronen-Tee heiß.

Grüner Entgiftungstee

Zubereitungszeit: 15 Minuten
Portionen: 2

Zutaten:

- 500 ml Wasser
- 1 EL frisch gehackte Petersilie
- 2 TL frisch geriebener Ingwer
- 1 TL Kurkuma
- 1 EL frisch gepresster Bio-Zitronensaft
- 1 TL geriebene Bio-Zitronenschale
- 1 EL Honig
- 2 TL Matcha-Pulver
- 1 Prise schwarzer Pfeffer
- 1 Prise Meersalz

Zubereitung:

1. Bring das Wasser in einem kleinen Topf zum Kochen und nimm den Topf anschließend von der Hitze.

2. Füge nun die frisch gehackte Petersilie, den frisch geriebenen Ingwer und das Kurkuma hinzu. Rühre alles gut um und lass die Mischung für etwa 5 Minuten ziehen, damit die entzündungshemmenden Inhaltsstoffe freigesetzt werden.

3. In der Zwischenzeit kannst du die Zitronenschale abreiben und den Saft auspressen. Gib beides zusammen mit dem Honig, Matcha-Pulver, schwarzem Pfeffer und einer Prise Meersalz in eine kleine Schüssel und verrühre alles gut miteinander.

4. Nach den 5 Minuten Ziehzeit gieße den Tee durch ein feines Sieb, um die festen Bestandteile herauszufiltern. Teile den Tee auf zwei Tassen auf und rühre anschließend die Zitronen-Matcha-Mischung in jede Tasse ein.

5. Nun kannst du deinen grünen Entgiftungstee genießen! Falls du möchtest, kannst du die Teetassen noch mit einer Zitronenscheibe und ein paar frischen Petersilienblättern garnieren.

Rote-Bete-Latte

Zubereitungszeit: 10 Minuten
Portionen: 2

Zutaten:

- 150 g frische Rote Bete, geschält und in Stücke geschnitten
- 300 ml Mandelmilch, ungesüßt
- 2 TL frischer Ingwer, fein gerieben
- 1 TL Honig oder Ahornsirup (optional)
- 1 Prise Zimt
- 1 Prise gemahlener Kardamom
- 1 EL Kokosöl, geschmolzen

Zubereitung:

1. Gib die geschälten und in Stücke geschnittenen Rote Bete in einen leistungsstarken Mixer. Füge die Mandelmilch, den fein geriebenen Ingwer, den Honig oder Ahornsirup (falls gewünscht), eine Prise Zimt und eine Prise gemahlenen Kardamom hinzu.

2. Mixe alles gründlich, bis die Rote Bete und die Gewürze fein püriert sind und eine glatte, cremige Mischung entsteht. Sollte die Mischung zu dick sein, kannst du noch etwas Mandelmilch hinzufügen, um die gewünschte Konsistenz zu erreichen.

3. Gib das geschmolzene Kokosöl in die Mischung und mixe nochmals kurz, um alles gut zu vermengen.

4. Erhitze die Rote-Bete-Latte-Mischung in einem Topf bei mittlerer Hitze, bis sie heiß, aber nicht kochend ist. Rühre dabei gelegentlich um, damit sich nichts am Boden des Topfes absetzt.

5. Verteile die heiße Rote-Bete-Latte auf zwei Tassen und genieße sie sofort. Du kannst die Latte auch mit einer Prise Zimt oder Kardamom bestreuen, um ihr noch mehr Geschmack zu verleihen.

Matcha-Mandel-Milch

Zubereitungszeit: 10 Minuten
Portionen: 2

Zutaten:

- 500 ml Mandelmilch, ungesüßt
- 2 TL Matcha-Pulver, fein gesiebt
- 1 EL Agavendicksaft oder Honig
- 1/2 TL Vanilleextrakt
- 1/2 TL Ingwer, frisch gerieben
- 1 EL Chiasamen
- 1 Prise Salz
- Eiswürfel zum Servieren
- 2 EL Mandeln, gehackt und geröstet

Zubereitung:

1. Gib die Mandelmilch in einen kleinen Topf und erwärme sie bei mittlerer Hitze. Achte darauf, dass sie nicht kocht.

2. Währenddessen siebe das Matcha-Pulver in eine Schüssel, um Klumpen zu vermeiden.

3. Sobald die Mandelmilch erwärmt ist, nimm den Topf vom Herd und rühre das gesiebte Matcha-Pulver ein. Verwende hierfür einen Schneebesen oder einen speziellen Matcha-Besen, um das Pulver gleichmäßig in der Mandelmilch zu verteilen.

4. Gib nun den Agavendicksaft oder Honig, den Vanilleextrakt, den frisch geriebenen Ingwer und die Prise Salz hinzu. Rühre alles gründlich durch, bis sich die Zutaten gut miteinander verbunden haben.

5. Lass die Matcha-Mandel-Milch für ein paar Minuten abkühlen, bevor du sie in zwei Gläser füllst. Gib jeweils eine Handvoll Eiswürfel in jedes Glas.

6. Verteile die Chiasamen und die gehackten, gerösteten Mandeln gleichmäßig auf die beiden Gläser. Rühre alles noch einmal gut um, damit sich die Chiasamen mit der Matcha-Mandel-Milch verbinden.

7. Serviere die Matcha-Mandel-Milch sofort und genieße sie eiskalt.

Karotten-Orangen-Saft

Zubereitungszeit: 10 Minuten
Portionen: 2

Zutaten:

- 4 mittelgroße Karotten, geschält und in Stücke geschnitten
- 2 große Bio-Orangen, geschält und in Viertel geschnitten
- 1 kleines Stück Ingwer (ca. 2 cm), geschält und in Scheiben geschnitten
- 2 TL Leinsamen, frisch gemahlen
- 1 TL Kurkuma, gemahlen
- 1 EL Agavendicksaft (optional)
- 500 ml kaltes Wasser
- 2 Stängel Minze, Blätter abgezupft
- 1 Prise schwarzer Pfeffer

Zubereitung:

1. Gib die Karottenstücke, Orangenviertel und Ingwerscheiben in einen Hochleistungsmixer oder Entsafter.

2. Füge anschließend das kalte Wasser hinzu und mixe alles gut durch, bis du eine homogene Flüssigkeit erhältst.

3. Gieße den Saft durch ein feines Sieb, um die groben Fasern und das Fruchtfleisch zu entfernen. Du kannst diesen Schritt überspringen, wenn du lieber einen Saft mit mehr Fasern möchtest.

4. Gebe den gefilterten Saft zurück in den Mixer und füge die gemahlenen Leinsamen, Kurkuma, Agavendicksaft (falls gewünscht), Minzeblätter und die Prise schwarzen Pfeffer hinzu. Mixe alles erneut, bis die Minze fein zerkleinert ist und alle Zutaten gut miteinander vermischt sind.

5. Fülle den Karotten-Orangen-Saft in zwei Gläser und genieße ihn am besten sofort oder gekühlt.

Brombeer-Minze-Wasser

Zubereitungszeit: 10 Minuten
Portionen: 2

Zutaten:

- 200 g frische Brombeeren, gewaschen und geviertelt
- 10 frische Minzeblätter, gewaschen und grob gehackt
- 500 ml stilles Wasser, gekühlt
- 1 EL frischer Ingwer, fein gerieben
- 1 TL Honig
- 1 Bio-Zitrone, gewaschen und in dünne Scheiben geschnitten
- Eiswürfel nach Bedarf

Zubereitung:

1. Nimm zunächst eine große Karaffe oder ein Einmachglas und fülle es mit den geviertelten Brombeeren und den grob gehackten Minzeblättern.

2. Gib nun den fein geriebenen Ingwer und den Honig hinzu und vermische alles vorsichtig, sodass die Aromen sich gut entfalten können.

3. Füge die dünnen Zitronenscheiben hinzu und bedecke das Ganze mit dem gekühlten stillen Wasser. Rühre alles behutsam um, um die Zutaten gut zu vermischen und die Aromen freizusetzen.

4. Lass das Brombeer-Minze-Wasser für etwa 5 Minuten ziehen, damit sich die Geschmäcker intensivieren.

5. Zum Servieren fülle zwei Gläser mit Eiswürfeln und verteile das Brombeer-Minze-Wasser darauf. Du kannst das Getränk mit ein paar zusätzlichen Minzeblättern und Brombeeren garnieren, um es noch ansprechender zu gestalten.

Kokos-Kefir-Smoothie

Zubereitungszeit: 10 Minuten
Portionen: 2

Zutaten:

- 250 ml Kefir, gut gekühlt
- 100 ml Kokosmilch, gut ge-schüttelt
- 100 g gefrorene Himbeeren
- 1 reife Banane, in Scheiben ge-schnitten
- 1 EL Chiasamen
- 1 TL Honig
- 1 Prise Zimt
- 2 Stängel frische Minze, Blätter abgezupft
- 1 EL Kokosraspeln, zum Garnieren

Zubereitung:

1. Lege die Bananenscheiben und die gefrorenen Himbeeren auf einen Teller und stelle sie für 5 Minuten bei Raumtemperatur zum Antauen bereit.

2. Gib anschließend den gut gekühlten Kefir, die geschüttelte Kokosmilch, die angetauten Himbeeren, die Bananenscheiben, die Chiasamen, den Honig und die Prise Zimt in einen Mixer oder einen leistungsstarken Pürierstab.

3. Mixe alle Zutaten bei höchster Stufe, bis sie eine glatte und cremige Konsistenz erreichen. Falls der Smoothie zu dickflüssig ist, kannst du nach Belieben noch etwas Kokosmilch hinzufügen, bis die gewünschte Konsistenz erreicht ist.

4. Verteile den Smoothie auf zwei Gläser und garniere sie mit den abgezupften Minzblättern und den Kokosraspeln.

5. Serviere den Kokos-Kefir-Smoothie sofort, während er noch kühl und erfrischend ist. Genieße diesen köstlichen und gesunden Smoothie mit jemandem, den du gern hast!

Blaubeer-Basilikum-Limonade

Zubereitungszeit: 15 Minuten
Portionen: 2

Zutaten:

- 200 g frische Blaubeeren, gewaschen
- 10 frische Basilikumblätter, gewaschen und grob gehackt
- 2 Bio-Zitronen, davon 1 Zitrone ausgepresst und 1 in Scheiben geschnitten
- 500 ml kaltes Wasser
- 2 EL Agavendicksaft oder Honig, je nach Geschmack
- 1 Prise Meersalz
- Eiswürfel zum Servieren

Zubereitung:

1. Nimm zunächst die gewaschenen Blaubeeren und gib sie in einen Mixer. Füge die grob gehackten Basilikumblätter hinzu und mixe alles zusammen, bis eine homogene Masse entsteht.

2. Gieße nun die Masse durch ein feines Sieb in einen Krug oder eine Karaffe, um die Blaubeer- und Basilikumreste zu entfernen. Achte darauf, dass du alle Flüssigkeit aus dem Sieb herausdrückst, um den vollen Geschmack zu erhalten.

3. Füge nun den frisch gepressten Zitronensaft, das kalte Wasser und den Agavendicksaft oder Honig hinzu. Rühre alles gut um, bis sich der Süßstoff vollständig aufgelöst hat.

4. Schmecke die Limonade mit einer Prise Meersalz ab, um die Geschmacksnuancen noch besser zur Geltung zu bringen.

5. Zum Schluss füllst du zwei Gläser mit Eiswürfeln und gießt die Blaubeer-Basilikum-Limonade darüber. Dekoriere jedes Glas mit Zitronenscheiben und ein paar Basilikumblättern, um dein erfrischendes Getränk optisch ansprechend zu gestalten.

Gurken-Limetten-Spritzer

Zubereitungszeit: 10 Minuten
Portionen: 2

Zutaten:

- 1 frische Gurke, geschält und in dünne Scheiben geschnitten
- 2 Bio-Limetten, eine davon abgerieben und beide ausgepresst
- 500 ml kaltes Wasser
- 6 frische Minzblätter, gewaschen und leicht angedrückt
- 2 TL Honig (oder Agavendicksaft für eine vegane Variante)
- 1 EL Ingwer, geschält und fein gerieben
- 1 Prise Meersalz
- Eiswürfel nach Bedarf

Zubereitung:

1. Bereite zuerst alle Zutaten wie oben beschrieben vor.

2. Gib die dünn geschnittenen Gurkenscheiben in ein hohes Gefäß und drücke sie leicht mit einem Stößel oder Löffel an, um den Geschmack freizusetzen.

3. Füge den frisch gepressten Limettensaft, den Limettenabrieb und den geriebenen Ingwer hinzu. Verteile den Honig oder Agavendicksaft und die Prise Meersalz gleichmäßig darüber.

4. Gieße das kalte Wasser in das Gefäß und rühre die Mischung vorsichtig um, sodass sich die Aromen gut verbinden.

5. Lege die gewaschenen und leicht angedrückten Minzblätter oben auf die Mischung und rühre sie vorsichtig unter.

6. Fülle zwei Gläser zur Hälfte mit Eiswürfeln und verteile den Gurken-Limetten-Spritzer gleichmäßig darauf. Du kannst nach Belieben auch noch mehr Eiswürfel hinzufügen.

7. Genieße diesen erfrischenden Gurken-Limetten-Spritzer an einem warmen Tag oder als gesundes Getränk zu deinen Mahlzeiten.

Schlusswort

Liebe Leserin, lieber Leser,

ich hoffe, dass diese Informationen und Tipps dir geholfen haben, einen umfassenden Einblick in die entzündungshemmende Ernährung zu erhalten und dich dabei unterstützen, diese wertvollen Erkenntnisse in deinen Alltag zu integrieren. Gesundheit ist unser höchstes Gut, und die Wahl einer entzündungshemmenden Ernährung kann einen bedeutenden Beitrag zu deinem Wohlbefinden und deiner Lebensqualität leisten.

Veränderungen geschehen nicht über Nacht. Sei geduldig mit dir selbst und setze realistische Ziele. Die Umstellung auf eine entzündungshemmende Ernährung ist ein fortlaufender Prozess, und es ist normal, dass du Rückschläge erlebst oder dich manchmal überfordert fühlst. Bleibe neugierig, lerne ständig dazu und sei offen für neue Erfahrungen – sowohl in der Küche als auch im Supermarkt.

Zum Schluss möchte ich dir Mut zusprechen, weiterhin deinen eigenen Weg zur Gesundheit zu beschreiten. Jeder Schritt, den du unternimmst, um deine Ernährung und deinen Lebensstil zu verbessern, ist ein Schritt in die richtige Richtung.

Ich wünsche dir viel Erfolg und Freude auf deinem Weg zu einer entzündungshemmenden Ernährung und einem gesünderen, erfüllteren Leben!

Herzliche Grüße,

Deine Marie Neumann

Basische Ernährung

Vorwort

Liebe Leserin, lieber Leser,

vielleicht hast du schon von der basischen Ernährung gehört und möchtest nun mehr darüber erfahren. Oder vielleicht bist du auf der Suche nach neuen Möglichkeiten, dein Wohlbefinden zu verbessern und gesundheitliche Ziele zu erreichen. Was auch immer deine Beweggründe sind, du hast das richtige Buch in der Hand.

In den folgenden Kapiteln wirst du erfahren, was genau eine basische Ernährung ist, wie sie funktioniert und welche Lebensmittel basenbildend sind. Zudem werden wir tiefer in den wissenschaftlichen Hintergrund eintauchen und den Säure-Basen-Haushalt des menschlichen Körpers genauer betrachten. Ich werde dir konkrete Ratschläge zur Umsetzung dieser Ernährungsweise im Alltag geben und dich auf unterstützende Maßnahmen hinweisen, die dir dabei helfen können, ein ausgewogenes Säure-Basen-Gleichgewicht zu erreichen.

Während du dich durch diese Kapitel bewegst, lade ich dich ein, offen und neugierig zu bleiben. Jeder Mensch ist einzigartig, und es gibt keine universelle Lösung, die für alle gleichermaßen funktioniert. Sei bereit, verschiedene Strategien auszuprobieren und zu entdecken, was für dich am besten funktioniert.

Als krönenden Abschluss warten im zweiten Teil des Buches zahlreiche köstliche Rezepte auf dich, die du sofort ausprobieren kannst. Diese Rezepte sind so konzipiert, dass sie deine basische Ernährung auf leckere und einfache Weise unterstützen.

Bitte denke immer daran, dass dieser Leitfaden nicht die Beratung oder Behandlung durch einen Arzt oder Ernährungsberater ersetzen kann. Bei gesundheitlichen Beschwerden oder Unsicherheiten rate ich dir, immer einen Fachmann zu konsultieren.

Ich wünsche dir nun viel Freude beim Nachkochen der Rezepte und zahlreiche Aha-Momente beim Lesen.

Herzliche Grüße,

Deine Marie Neumann

Grundlagen der basischen Ernährung

Was ist basische Ernährung?

Zunächst einmal bezeichnet der Begriff „basisch" in diesem Kontext etwas, das einen pH-Wert über 7 hat. Im Gegensatz dazu hat „sauer" einen pH-Wert unter 7. Aber warum ist das wichtig? Der menschliche Körper hat verschiedene pH-Werte in seinen Organen und Flüssigkeiten - zum Beispiel ist unser Blut leicht basisch mit einem pH-Wert von etwa 7,4, während unser Mageninhalt sehr sauer ist, um die Nahrung zu verdauen. Was hat das also mit der Ernährung zu tun?

Hier tritt das Konzept der basischen Ernährung in Spiel. Diese Ernährungsweise zielt darauf ab, den Säure-Basen-Haushalt des Körpers zu regulieren und im Idealfall in einem optimalen Zustand zu halten. Wie? Indem du Lebensmittel konsumierst, die als „basenbildend" gelten. Das sind Lebensmittel, die nach ihrer Verdauung und Stoffwechselverarbeitung im Körper eine basische Wirkung haben, sprich sie hinterlassen mehr basische als saure Endprodukte.

Möglicherweise hast du schon mal den Ausdruck „Du bist, was du isst" gehört. Bei der basischen Ernährung ist das jedoch nur die halbe Wahrheit. Tatsächlich ist es eher so, dass du das bist, was du nach der Verdauung zurücklässt. Ein Lebensmittel kann sauer schmecken, aber nach der Verdauung eine basische Wirkung haben – Zitrusfrüchte sind ein gutes Beispiel dafür.

„Und warum genau sollte ich basenbildende Lebensmittel bevorzugen?", fragst du dich vielleicht. Nun, das hat mit der Theorie zu tun, dass ein übermäßiger Säuregehalt im Körper zu verschiedenen gesundheitlichen Problemen führen kann, darunter Müdigkeit, Entzündungen und sogar ernsthafte Krankheiten.

Es ist wichtig zu betonen, dass die basische Ernährung nicht bedeutet, säurebildende Lebensmittel komplett zu meiden. Vielmehr geht es um ein Gleichgewicht zwischen den beiden. Es ist wie mit so vielem im Leben: Die Dosis macht das Gift! Ein gewisser Anteil an säurebildenden Lebensmitteln in der Ernährung ist völlig in Ordnung und kann durch den Konsum von ausreichend basenbildenden Lebensmitteln ausgeglichen werden.

Der pH-Wert und sein Einfluss auf den Körper

Ein kleiner Exkurs in die Chemie: Der pH-Wert ist ein Maß für die Säure- oder Basenstärke einer wässrigen Lösung. Er reicht von 0 (stark sauer) bis 14 (stark basisch), wobei 7 als neutral gilt. Wo Wasser fließt, ist auch der pH-Wert präsent, ob im Pool, im Garten oder in unserem Körper.

Was den Körper betrifft, so haben verschiedene Teile verschiedene pH-Werte. Das Blut zum Beispiel hat einen leicht basischen pH-Wert von etwa 7,4. Der Magen hingegen ist stark sauer, mit einem pH-Wert von 1,5 bis 3,5, was notwendig ist, um Nahrung zu verdauen. Der menschliche Körper ist eine wahre Meisterleistung der Natur, ständig bemüht, den pH-Wert im Blut und in anderen Körperteilen zu regulieren und im optimalen Bereich zu halten.

Hier kommt die basische Ernährung ins Spiel. Die Theorie besagt, dass durch die Einnahme von basenbildenden Lebensmitteln der Säure-Basen-Haushalt des Körpers unterstützt wird, was wiederum dazu beitragen kann, den pH-Wert im Blut in seinem optimalen Bereich zu halten.

Warum ist das so wichtig? Nun, es wird angenommen, dass ein Ungleichgewicht im pH-Wert, insbesondere eine Verschiebung hin zu mehr Säure, eine Reihe von gesundheitlichen Problemen verursachen kann. Es gibt einige wissenschaftliche Untersuchungen, die darauf hindeuten, dass ein zu saurer Körper anfälliger für Entzündungen ist und dass diese Entzündungen im Zusammenhang mit einer Vielzahl von gesundheitlichen Problemen stehen, darunter Herzkrankheiten, Arthritis und sogar Krebs.

Darüber hinaus hat die Forschung auch gezeigt, dass der pH-Wert einen erheblichen Einfluss auf unsere Verdauung und die allgemeine Darmgesundheit haben kann. Ein zu saurer Magen zum Beispiel kann zu Sodbrennen und Verdauungsproblemen führen. Auf der anderen Seite kann ein zu basischer Darmtrakt die Verdauung von Proteinen und Fetten beeinträchtigen.

Die gute Nachricht ist, dass du durch die richtige Ernährung dazu beitragen kannst, deinen pH-Wert im Gleichgewicht zu halten. Basenbildende Lebensmittel können hier besonders hilfreich sein. Zitrusfrüchte, obwohl sie sauer schmecken, sind nach der Verdauung tatsächlich basenbildend. Ähnliches gilt für viele Arten von Gemüse und Kräutern. Aber denk daran, das Gleichgewicht ist der Schlüssel!

Säure-Basen-Haushalt und seine Bedeutung für die Gesundheit

Der Säure-Basen-Haushalt ist im Grunde die Art und Weise, wie dein Körper den pH-Wert auf einem konstanten Level hält, hauptsächlich im Blut, aber auch in anderen Körperteilen. Er ist ein wesentlicher Bestandteil der Homöostase, dem ausgeklügelten System des Körpers, um ein stabiles inneres Milieu aufrechtzuerhalten, trotz ständiger Veränderungen in der Umgebung und in der Nahrung, die du zu dir nimmst.

Eine entscheidende Rolle in diesem Prozess spielen die Nieren und die Lunge. Die Nieren filtern und eliminieren überschüssige Säuren oder Basen aus dem Körper durch den Urin, während die Lungen durch die Regulierung der Menge an Kohlendioxid, die wir ausatmen, das Gleichgewicht beeinflussen.

Was geschieht nun, wenn dieses fein abgestimmte System aus dem Gleichgewicht gerät? Das ist eine gute Frage. Eine zu starke Verschiebung in Richtung Säure oder Base kann zu sogenannten Azidosen oder Alkalosen führen, beides sind potenziell ernste Zustände, die medizinische Intervention erfordern können. Aber keine Angst, solche extremen Veränderungen sind eher selten und treten meist nur bei bestimmten Erkrankungen auf.

Interessanter ist der Einfluss, den eine subtile Verschiebung des Säure-Basen-Haushalts auf die Gesundheit haben kann. Eine leicht erhöhte Säurelast im Körper, oft als „latente Azidose" bezeichnet, kann auf Dauer zu einer Reihe von gesundheitlichen Problemen führen. Das reicht von allgemeiner Müdigkeit und schlechter Haut bis hin zu ernsteren Bedenken wie Osteoporose, Nierensteinen und einem erhöhten Risiko für chronische Krankheiten.

Eine zu säurehaltige Ernährung wird oft als eine der Hauptursachen für diese latente Azidose angeführt. Du erinnerst dich, dass ich über säure- und basenbildende Lebensmittel gesprochen habe? Nun, eine Ernährung, die reich an säurebildenden Lebensmitteln wie Fleisch, Milchprodukten und verarbeiteten Lebensmitteln ist, kann dazu führen, dass der Körper ständig versucht, überschüssige Säuren zu neutralisieren und auszugleichen.

Hier kann die basische Ernährung ins Spiel kommen. Durch die Fokussierung auf basenbildende Lebensmittel wie Obst, Gemüse und Nüssen kann sie dazu beitragen, den Säure-Basen-Haushalt zu unterstützen und somit eine Reihe von gesundheitlichen Vorteilen zu fördern.

Natürlich ist die Ernährung nur ein Teil der Gleichung. Faktoren wie Stress, Bewegung und ausreichender Schlaf können ebenfalls einen wesentlichen Einfluss auf den Säure-Basen-Haushalt haben. Deshalb betone ich immer wieder: Eine gesunde Lebensweise ist ein Gesamtpaket. Es geht darum, alle Aspekte in Einklang zu bringen und die bestmögliche Umgebung für deinen Körper zu schaffen, um zu gedeihen.

Und das ist das Wunderbare daran: Du hast es selbst in der Hand. Mit den richtigen Entscheidungen kannst du aktiv dazu beitragen, den Säure-Basen-Haushalt deines Körpers zu unterstützen und so dein Wohlbefinden zu verbessern. Du könntest schon morgen beginnen, indem du mehr basenbildende Lebensmittel in deine Ernährung aufnimmst und vielleicht sogar ein paar säurebildende Lebensmittel reduzierst.

Säurebildende Lebensmittel

Liste säurebildender Lebensmittel

Es ist Zeit, einen genaueren Blick auf säurebildende Lebensmittel zu werfen. Es wird dich überraschen, wie viele alltägliche Nahrungsmittel in diese Kategorie fallen. Doch keine Angst: Dies bedeutet nicht, dass du alle diese Lebensmittel meiden musst.

Hier ist eine Liste von säurebildenden Lebensmitteln:

- Fleisch und Fisch: Nahezu alle Fleischsorten, einschließlich Rind, Schwein und Geflügel, gehören zu den säurebildenden Lebensmitteln. Ebenso säurebildend sind die meisten Fischsorten, darunter Lachs, Thunfisch und Kabeljau.

- Milchprodukte: Dies schließt Milch, Käse, Joghurt und andere Milchprodukte ein. Obwohl sie wichtige Nährstoffe liefern, können sie den Säuregehalt im Körper erhöhen.

- Getreide: Weißbrot, Vollkornbrot, Reis, Pasta und andere Getreideprodukte sind ebenfalls säurebildend. Auch wenn Vollkornprodukte im Allgemeinen gesünder sind als ihre raffinierten Gegenstücke, können sie dennoch zur Säurelast im Körper beitragen.

- Hülsenfrüchte: Obwohl sie reich an Proteinen und Ballaststoffen sind, können Bohnen, Linsen und Erbsen ebenfalls zur Säurebildung im Körper beitragen.

- Eier: Eier sind eine hervorragende Proteinquelle, können jedoch auch zur Säurelast im Körper beitragen.

- Zuckerhaltige Lebensmittel und Getränke: Limonaden, Süßigkeiten, Kuchen, Kekse und andere zuckerhaltige Lebensmittel sind ebenfalls säurebildend.

- Alkohol: Alkoholische Getränke, einschließlich Bier, Wein und Spirituosen, können die Säurelast im Körper erhöhen.

Basenbildende Lebensmittel

Liste basenbildender Lebensmittel

Du solltest wissen, dass viele basenbildende Lebensmittel zu den gesündesten und nährstoffreichsten gehören, die es gibt. Sie sind reich an Vitaminen, Mineralstoffen und Antioxidantien, die alle zur allgemeinen Gesundheit und zum Wohlbefinden beitragen können. Daher kann das Integrieren dieser Lebensmittel in deinen Speiseplan nicht nur dazu beitragen, den Säure-Basen-Haushalt deines Körpers zu optimieren, sondern auch dazu, deine allgemeine Gesundheit zu fördern.

Hier ist eine Liste von basenbildenden Lebensmitteln:

- Obst: Fast alle Früchte sind basenbildend, darunter Bananen, Äpfel, Beeren, Melonen, Orangen, Pfirsiche, Birnen, Ananas, Kirschen und Trauben. Besonders hervorzuheben sind hier die Zitrusfrüchte, wie Zitronen und Orangen. Obwohl sie sauer schmecken, wirken sie basisch auf den Körper.

- Gemüse: Bei den Gemüsesorten haben wir eine noch größere Auswahl an basenbildenden Lebensmitteln. Hierzu gehören beispielsweise Spinat, Brokkoli, Sellerie, Gurken, Karotten, Tomaten, Süßkartoffeln, Paprika, Rote Bete und Kürbis. Blattgemüse wie Spinat und Grünkohl sind besonders empfehlenswert, da sie eine große Menge an basischen Mineralien enthalten.

- Hülsenfrüchte: Obwohl sie eine moderate Säurebelastung aufweisen, sind die meisten Hülsenfrüchte, einschließlich Linsen, Kichererbsen und Bohnen, tendenziell basenbildend.

- Kräuter und Gewürze: Viele Kräuter und Gewürze sind ebenfalls basenbildend. Dazu gehören beispielsweise Basilikum, Petersilie, Oregano und Ingwer.

- Nüsse und Samen: Trotz ihrer leichten Säureneigung sind Mandeln, Haselnüsse, Leinsamen und Chiasamen basenbildend und gesund. Sie enthalten viele wichtige Nährstoffe und sollten daher regelmäßig auf deinem Speiseplan stehen.

- Getreide: Quinoa und Amaranth sind hervorragende basenbildende Getreidesorten.

Jetzt, da du diese Liste kennst, hast du eine gute Grundlage, um basenbildende Lebensmittel in deine Ernährung zu integrieren. Ein Tipp von mir: Versuche, bei jeder Mahlzeit eine Vielzahl von diesen basenbildenden Lebensmitteln auf deinem Teller zu haben. Dies wird nicht nur dazu beitragen, deinen Säure-Basen-Haushalt zu optimieren, sondern auch dafür sorgen, dass du eine breite Palette an Nährstoffen zu dir nimmst. Denn wie du weißt, liegt in der Vielfalt die Gesundheit!

Natürlich bedeutet das nicht, dass du säurebildende Lebensmittel vollständig meiden musst. Es geht vielmehr darum, ein Gleichgewicht zu finden. Eine Faustregel lautet: Strebe an, dass 70-80% deiner Ernährung aus basenbildenden Lebensmitteln besteht und nur 20-30% aus säurebildenden.

Ich hoffe, dass diese Liste dir hilft, deine Ernährung besser auf deine gesundheitlichen Bedürfnisse abzustimmen. Denk immer daran: Deine Gesundheit liegt in deinen Händen. Mit jedem Bissen, den du nimmst, triffst du eine Entscheidung für oder gegen deine Gesundheit. Mach das Beste daraus!

Umsetzung der basischen Ernährung im Alltag

Tipps zur Umstellung auf eine basische Ernährung

Das Verstehen der theoretischen Konzepte hinter der basischen Ernährung ist das eine, doch das wirkliche Abenteuer beginnt mit der praktischen Umsetzung im Alltag. Wie gelingt der Spagat zwischen Ernährungstheorie und Alltag, zwischen Wissen und Handeln? Hier möchte ich dir einige Ratschläge und Anregungen geben, wie du die basische Ernährung erfolgreich in deinen Alltag integrieren kannst.

Schritt für Schritt

Beginnen wir mit etwas Grundlegendem: Niemand erwartet von dir, dass du von heute auf morgen deine gesamte Ernährung umstellst. In der Tat ist es sogar empfehlenswert, die Umstellung auf eine basische Ernährung schrittweise vorzunehmen. Fange an, täglich eine zusätzliche Portion basenbildende Lebensmittel in deine Mahlzeiten zu integrieren und ersetze allmählich säurebildende Lebensmittel. So kannst du deinen Körper sanft an die neue Ernährungsweise gewöhnen und es wird dir leichter fallen, diese langfristig beizubehalten.

Vorratshaltung

Die Weichen für eine gesunde, basische Ernährung werden bereits beim Einkauf gestellt. Stelle sicher, dass du immer ausreichend basenbildende Lebensmittel zu Hause hast. Frisches Obst, Gemüse, Vollkornprodukte, Hülsenfrüchte und Nüsse sollten immer auf deiner Einkaufsliste stehen. Ein gut gefüllter Kühlschrank und eine gut sortierte Speisekammer sind der Schlüssel zu einer erfolgreichen basischen Ernährung im Alltag.

Mahlzeitenplanung

Einer der wichtigsten Aspekte bei der Umstellung auf eine basische Ernährung ist die Mahlzeitenplanung. Indem du dir im Voraus überlegst, was du kochen und essen wirst, kannst du sicherstellen, dass du eine ausgewogene und abwechslungsreiche basische Ernährung zu dir nimmst. Darüber hinaus kann die Planung deiner Mahlzeiten auch dazu beitragen, Stress zu vermeiden und es dir leichter machen, dich an deinen neuen Ernährungsstil zu halten.

Kochen und Zubereitung

Beim Kochen und der Zubereitung deiner Mahlzeiten sind Kreativität und Experimentierfreudigkeit gefragt. Die basische Ernährung bietet eine unglaubliche Vielfalt an leckeren und gesunden Lebensmitteln. Nutze sie! Experimentiere mit neuen Rezepten und entdecke, wie vielfältig und lecker eine basische Ernährung sein kann.

Trinkgewohnheiten

Vergiss nicht, dass nicht nur das, was du isst, sondern auch das, was du trinkst, einen Einfluss auf den Säure-Basen-Haushalt deines Körpers hat. Wasser und

Kräutertees sind hervorragende basenbildende Getränke. Vermeide hingegen säurebildende Getränke wie Alkohol, Kaffee und zuckerhaltige Softdrinks so gut es geht.

Bewegung

Eine basische Ernährung geht Hand in Hand mit einem gesunden Lebensstil. Regelmäßige Bewegung kann dazu beitragen, den Säure-Basen-Haushalt deines Körpers im Gleichgewicht zu halten. Wähle eine Sportart, die dir Spaß macht und die du regelmäßig ausüben kannst. Es muss nicht gleich ein Marathon sein – schon ein täglicher Spaziergang kann einen positiven Effekt haben.

Auswärts essen

Manchmal kann es schwierig sein, sich basisch zu ernähren, wenn man nicht zu Hause ist. Wenn du auswärts isst, sei es in einem Restaurant, bei einer Veranstaltung oder bei Freunden, hast du oft nicht die vollständige Kontrolle über die Lebensmittel, die dir zur Verfügung stehen. Aber keine Sorge, du kannst immer noch bewusste Entscheidungen treffen. Wähle Gerichte, die reich an Gemüse und Vollkornprodukten sind und versuche, Fleisch, Milchprodukte und raffinierte Kohlenhydrate zu vermeiden. Frage ruhig nach, wenn du dir unsicher bist, was in einem Gericht enthalten ist. Die meisten Restaurants und Gastgeber sind mehr als bereit, Informationen über ihre Speisen zu geben.

Saisonale und regionale Lebensmittel

Ein weiterer Tipp, um die basische Ernährung erfolgreich in deinen Alltag zu integrieren, ist die Nutzung von saisonalen und regionalen Lebensmitteln. Diese Lebensmittel sind oft frischer und nährstoffreicher als importierte Produkte und sie sind besser für die Umwelt. Zudem können sie dazu beitragen, deine Mahlzeiten abwechslungsreich und interessant zu gestalten, da du gezwungen bist, das zu verwenden, was gerade Saison hat.

Gute Fette

Gute Fette sind ein wichtiger Bestandteil jeder gesunden Ernährung, einschließlich der basischen Ernährung. Gesunde Fette liefern essentielle Fettsäuren und sind wichtig für viele Körperfunktionen. Avocados, Nüsse und Samen, Olivenöl und fetter Fisch sind ausgezeichnete Quellen für gesunde Fette.

Messen des pH-Wertes

Wenn du dir unsicher bist, wie gut du dich an eine basische Ernährung hältst, kann es hilfreich sein, deinen pH-Wert zu messen. Dies kann mit Hilfe von pH-Teststreifen erfolgen, die in der Apotheke erhältlich sind. Du kannst damit den pH-Wert deines Urins messen, der dir einen Hinweis darauf gibt, wie basisch oder sauer dein Körper ist.

Ausbildung und Information

Bilde dich weiter zum Thema basische Ernährung. Je mehr du darüber weißt, desto besser kannst du Entscheidungen treffen, die deinen Körper unterstützen. Lese Bücher, besuche Workshops oder folge Blogs zum Thema basische Ernährung. Wissen ist Macht, wenn es darum geht, gesunde Ernährungsentscheidungen zu treffen.

Unterstützung suchen

Der Weg zu einer basischen Ernährung kann leichter sein, wenn du Unterstützung hast. Vielleicht hast du einen Freund, der auch daran interessiert ist, basischer zu essen, oder du kannst dich einer Gruppe Gleichgesinnter anschließen. Du kannst auch die Hilfe eines Ernährungsberaters in Anspruch nehmen, um dich auf deinem Weg zu unterstützen.

Entspannung und Stressmanagement

Zu guter Letzt sollte nicht unerwähnt bleiben, dass auch Stress einen Einfluss auf den Säure-Basen-Haushalt haben kann. Entspannung und Stressmanagement sind daher wichtige Bestandteile einer basischen Lebensweise. Egal, ob du Yoga, Meditation oder ein gutes Buch bevorzugst – finde deine ganz persönliche Methode, um zu entspannen und Stress abzubauen.

Basische Bäder und Basenpulver

Die Anwendung basischer Körperpflegeprodukte, insbesondere basischer Bäder, ist eine wunderbare ergänzende Maßnahme zur basischen Ernährung. Du fragst dich jetzt bestimmt: Warum ein basisches Bad? Wie funktioniert es genau? Lass mich dir das ausführlich erklären.

Ein basisches Bad ist ein Bad mit einem hohen pH-Wert, typischerweise zwischen 8 und 9. Dies erreicht man durch die Zugabe von Basensalzen, die du in jedem gut sortierten Drogeriemarkt oder online kaufen kannst. Ein solches Bad hat zahlreiche positive Auswirkungen auf den Körper. Es kann helfen, überschüssige Säuren im Körper auszugleichen, Giftstoffe zu entfernen, die Haut zu beruhigen und zu regenerieren und sogar bei der Linderung von Hautkrankheiten und Muskelverspannungen helfen.

Entsäuerung durch basische Bäder

Vor allem aber spielt ein basisches Bad eine wichtige Rolle bei der Entsäuerung des Körpers. Die Haut ist das größte Organ des menschlichen Körpers und spielt eine wesentliche Rolle bei der Ausscheidung von Säuren und Toxinen. Durch die hohe pH-Wert-Einstellung während eines basischen Bades öffnen sich die Poren der Haut, und Säuren und Toxine können leichter aus dem Körper ausgeschieden werden. Gleichzeitig wird die Haut durch die in den Badesalzen enthaltenen Mineralien gepflegt und regeneriert.

Anwendung und Dauer von basischen Bädern

Die Anwendung eines basischen Bades ist einfach. Fülle deine Badewanne mit warmem Wasser und gib die empfohlene Menge an Basensalzen hinzu. Im Allgemeinen solltest du für ein Vollbad etwa 100-200 Gramm Basensalze verwenden. Achte dabei immer auf die Herstellerangaben. Der ideale pH-Wert für ein basisches Bad liegt zwischen 8 und 9. Du kannst den pH-Wert deines Bades mit einem einfachen pH-Teststreifen überprüfen.

Die Dauer eines basischen Bades sollte mindestens 30 Minuten betragen, aber es kann auch gerne länger sein. Manche Menschen genießen ihre basischen Bäder für bis zu ein oder sogar zwei Stunden. Während dieser Zeit können Säuren und Toxine aus dem Körper ausgeschieden werden. Nach dem Bad solltest du deine Haut nur leicht abtupfen und nicht abspülen, damit die basischen Salze weiterhin auf deiner Haut wirken können.

Basenpulver für eine ausgewogene Säure-Basen-Balance

Neben basischen Bädern kann auch die Einnahme von Basenpulvern eine hilfreiche Unterstützung auf dem Weg zu einer ausgewogenen Säure-Basen-Balance sein. Basenpulver sind Nahrungsergänzungsmittel, die eine Kombination verschiedener basischer Mineralien und Spurenelemente enthalten, oft in Form von Citraten oder Bicarbonaten. Dazu gehören beispielsweise Magnesium, Kalzium, Kalium und Natrium.

Wie funktioniert Basenpulver?

Basenpulver kann dazu beitragen, einen Überschuss an Säuren im Körper auszugleichen, indem es diesen neutralisiert. Es handelt sich dabei um eine Art „Säurepuffer", der dazu beitragen kann, den pH-Wert im Körper zu stabilisieren. Es ist wichtig zu beachten, dass Basenpulver nicht als Ersatz für eine gesunde, ausgewogene und vor allem basische Ernährung gesehen werden sollte. Sie sind eher als ergänzende Maßnahme zu betrachten, die dir dabei helfen kann, dein Säure-Basen-Gleichgewicht zu optimieren.

Anwendung von Basenpulver

Du kannst Basenpulver ganz einfach in dein tägliches Leben integrieren. Mischt du es in Wasser ein, erhältst du ein basisches Getränk, das du über den Tag verteilt trinken kannst. Der Geschmack ist im Allgemeinen neutral, und du kannst das Pulver auch in Smoothies, Säfte oder andere Getränke einrühren, wenn dir das lieber ist. Einige Menschen nehmen es auch gerne vor dem Schlafengehen ein, da es dabei helfen kann, den Körper über Nacht zu entsäuern.

Zusammengefasst, basische Bäder und Basenpulver können eine hervorragende Ergänzung zu einer basischen Ernährung sein und dir dabei helfen, ein gesundes Säure-Basen-Gleichgewicht in deinem Körper zu erreichen und aufrechtzuerhalten. Dennoch, wie ich immer betone, ist es wichtig, dass diese Maßnahmen Teil eines umfassenden Lebensstils sind, der eine gesunde, ausgewogene Ernährung, ausreichend Bewegung und ausreichend Ruhe und Entspannung umfasst. Du bist es wert, dich gut zu fühlen!

Suppen

Basischer Linseneintopf

Zubereitungszeit: 15 Minuten + 30 Minuten Kochzeit
Portionen: 2

Zutaten:

- 100 g grüne Linsen, gewaschen
- 1 mittelgroße Karotte, gewürfelt
- 1 kleine Sellerieknolle, gewürfelt
- 1 mittelgroße Zwiebel, gewürfelt
- 2 Knoblauchzehen, fein gehackt
- 1 EL natives Olivenöl extra
- 700 ml Gemüsebrühe
- 1 TL Kreuzkümmel
- 1 TL Kurkuma
- 1 Handvoll frischer Spinat, grob gehackt
- Salz und Pfeffer nach Geschmack

Zubereitung:

1. Zuerst das Olivenöl in einem Topf erhitzen. Wenn es warm ist, füge die gewürfelte Zwiebel und den gehackten Knoblauch hinzu. Lass diese Zutaten 2-3 Minuten anbraten, bis sie weich und duftend sind.

2. Jetzt die gewürfelte Karotte und Sellerie hinzufügen. Unter ständigem Rühren 5 Minuten anbraten, bis das Gemüse anfängt, weich zu werden.

3. Füge die Linsen hinzu und rühre gut um, so dass sie mit dem Gemüse gemischt sind. Dann die Gewürze hinzufügen - Kurkuma und Kreuzkümmel. Rühre erneut um, so dass alles gut vermischt ist.

4. Jetzt die Gemüsebrühe hinzufügen. Bring alles zum Kochen, dann reduziere die Hitze und lass den Eintopf 20-25 Minuten köcheln, bis die Linsen weich sind.

5. Kurz vor Ende der Kochzeit den gehackten Spinat unterrühren und mit Salz und Pfeffer abschmecken. Lass den Eintopf noch ein paar Minuten köcheln, damit der Spinat welkt.

6. Nun ist dein basischer Linseneintopf fertig zum Servieren. Genieße ihn heiß, vielleicht mit einem Stück frischem Roggenbrot.

Cremige Zucchinisuppe

Zubereitungszeit: 10 Minuten + 20 Minuten Kochzeit
Portionen: 2

Zutaten:

- 2 mittelgroße Zucchini, gewaschen und in Scheiben geschnitten
- 1 kleine rote Zwiebel, geschält und gewürfelt
- 2 Knoblauchzehen, geschält und fein gehackt
- 500 ml Gemüsebrühe, selbstgemacht oder aus dem Bioladen
- 2 EL natives Olivenöl extra
- 1 TL frisch geriebener Ingwer
- 1/2 TL Kurkuma, gemahlen
- Salz und Pfeffer nach Geschmack
- 2 EL Mandelmus, cremig
- Ein paar frische Basilikumblätter zur Dekoration

Zubereitung:

1. Erwärme das Olivenöl in einem mittelgroßen Topf auf mittlerer Stufe. Füge die gewürfelte Zwiebel hinzu und brate sie an, bis sie weich und leicht durchsichtig wird.

2. Gib nun den fein gehackten Knoblauch, den geriebenen Ingwer und das gemahlene Kurkuma in den Topf. Rühre alles gut um und lass es für ein bis zwei Minuten braten, damit die Aromen sich entfalten können.

3. Füge die geschnittenen Zucchini hinzu und dünste sie mit den Gewürzen an, bis sie anfangen, weich zu werden. Dies sollte etwa 5 Minuten dauern.

4. Gieße die Gemüsebrühe hinzu, rühre alles gut um und bringe die Suppe zum Köcheln. Lass sie etwa 10 bis 15 Minuten köcheln, bis die Zucchini vollständig weich sind.

5. Nimm den Topf vom Herd und füge das Mandelmus hinzu. Mixe die Suppe mit einem Stabmixer oder in einem Standmixer, bis sie vollkommen glatt und cremig ist. Schmecke sie mit Salz und Pfeffer ab.

6. Serviere die Suppe heiß und garniere sie mit ein paar frischen Basilikumblättern. Guten Appetit!

Erfrischende Gurken-Avocado-Suppe

Zubereitungszeit: 15 Minuten + 10 Minuten Kochzeit
Portionen: 2

Zutaten:

- 2 mittelgroße Gurken, gewaschen und in grobe Stücke geschnitten
- 1 reife Avocado, halbiert und entkernt
- 200 ml Kokosmilch
- Saft von 1 Bio-Limette
- 1 EL frisch gehackter Koriander
- 1 TL frisch geriebener Ingwer
- Salz und Pfeffer nach Geschmack
- 1 EL natives Olivenöl extra zum Anbraten
- 1 Frühlingszwiebel, fein gehackt, zum Garnieren

Zubereitung:

1. Wärme das Olivenöl in einer Pfanne über mittlerer Hitze. Füge die grob geschnittenen Gurken hinzu und brate sie etwa 5 Minuten lang an, bis sie leicht gebräunt und weich sind.

2. Während die Gurken garen, entnimm das Fruchtfleisch aus der Avocado und gib es in einen Mixer.

3. Füge die angebratenen Gurken, Kokosmilch, Limettensaft, gehackten Koriander und geriebenen Ingwer hinzu. Würze mit Salz und Pfeffer und mixe alles zu einer glatten Suppe.

4. Sollte die Suppe zu dick sein, füge ein wenig Wasser oder zusätzliche Kokosmilch hinzu und mixe erneut, bis die gewünschte Konsistenz erreicht ist.

5. Gieße die Suppe in Schüsseln und garniere sie mit der fein gehackten Frühlingszwiebel. Serviere die Suppe sofort oder stelle sie in den Kühlschrank, um sie später kalt zu genießen.

Rote-Bete-Kokos-Suppe

Zubereitungszeit: 10 Minuten + 20 Minuten Kochzeit
Portionen: 2

Zutaten:

- 400 g Rote Bete, gewaschen und grob gewürfelt
- 200 ml Kokosmilch
- 1 mittelgroße Zwiebel, gewürfelt
- 2 Knoblauchzehen, fein gehackt
- 1 TL frisch geriebener Ingwer
- 1 EL natives Olivenöl extra
- 500 ml Gemüsebrühe
- Salz und Pfeffer nach Geschmack
- 1 EL frisch gehackte Petersilie zum Garnieren

Zubereitung:

1. Zuerst erhitze das Olivenöl in einem großen Topf über mittlerer Hitze. Wenn das Öl heiß ist, füge die gewürfelte Zwiebel hinzu. Dünste sie, bis sie weich und durchsichtig wird.

2. Nun gib den fein gehackten Knoblauch und den frisch geriebenen Ingwer hinzu. Rühre alles gut um und lass es für ein bis zwei Minuten braten, bis der Knoblauch und der Ingwer ihr Aroma freisetzen.

3. Jetzt ist es an der Zeit, die Rote Bete in den Topf zu geben. Rühre sie gut um, so dass sie mit dem Öl, den Zwiebeln, dem Knoblauch und dem Ingwer vermischt ist. Lass sie für etwa fünf Minuten braten.

4. Gieße nun die Gemüsebrühe in den Topf. Lass die Suppe aufkochen und dann bei niedriger Hitze für etwa 15 Minuten köcheln, bis die Rote Bete weich ist.

5. Füge anschließend die Kokosmilch hinzu und würze die Suppe mit Salz und Pfeffer nach Geschmack. Lass die Suppe noch einmal aufkochen und dann vom Herd nehmen.

6. Mit einem Stabmixer oder in einem Standmixer püriere die Suppe, bis sie glatt und cremig ist. Wenn die Suppe zu dick ist, füge ein wenig mehr Gemüsebrühe oder Wasser hinzu.

7. Beim Servieren streue etwas frisch gehackte Petersilie über jede Portion.

Kürbis-Apfel-Suppe

Zubereitungszeit: 15 Minuten + 30 Minuten Kochzeit
Portionen: 2

Zutaten:

- 300 g Butternut-Kürbis, geschält und in Würfel geschnitten
- 2 mittelgroße Äpfel, geschält, entkernt und in Würfel geschnitten
- 1 mittelgroße Zwiebel, fein gewürfelt
- 1 EL natives Olivenöl extra
- 500 ml Gemüsebrühe, ohne Zusatzstoffe
- 1 TL frischer Ingwer, fein gerieben
- 1 TL Kreuzkümmel, gemahlen
- 1 EL frischer Bio-Zitronensaft
- Meersalz und frisch gemahlener Pfeffer, nach Geschmack
- 1 EL Kürbiskerne, zum Garnieren

Zubereitung:

1. Erwärme das Olivenöl in einem mittelgroßen Topf auf mittlerer Hitze. Füge die gewürfelte Zwiebel hinzu und dünste sie, bis sie weich und leicht glasig ist.

2. Füge den gewürfelten Kürbis und Apfel hinzu und dünste sie zusammen mit den Zwiebeln für etwa 5 Minuten, oder bis sie leicht gebräunt sind.

3. Gib den frisch geriebenen Ingwer und den gemahlenen Kreuzkümmel hinzu. Rühre alles gut um, damit die Gewürze gleichmäßig verteilt sind.

4. Füge die Gemüsebrühe hinzu und bringe die Suppe zum Kochen. Reduziere dann die Hitze und lass die Suppe 20-25 Minuten köcheln, bis der Kürbis und die Äpfel weich sind.

5. Nimm den Topf vom Herd und püriere die Suppe mit einem Stabmixer, bis sie glatt und cremig ist. Wenn die Suppe zu dick ist, füge ein wenig mehr Brühe oder Wasser hinzu.

6. Schmecke die Suppe mit dem frischen Zitronensaft, Meersalz und Pfeffer ab. Lass sie noch einmal kurz aufkochen.

7. Serviere die Suppe heiß und garniere sie mit den Kürbiskernen.

Grünkohl-Ingwer-Püree

Zubereitungszeit: 10 Minuten + 15 Minuten Kochzeit
Portionen: 2

Zutaten:

- 200 g Grünkohl, gewaschen und grob gehackt
- 30 g frischer Ingwer, geschält und fein gehackt
- 1 kleine Zwiebel, fein gewürfelt
- 2 EL natives Olivenöl extra
- 500 ml Gemüsebrühe
- Salz und Pfeffer nach Geschmack
- 1 TL Bio-Zitronensaft
- 1 EL gehackte Mandeln, für die Garnierung

Zubereitung:

1. Erwärme das Olivenöl in einem mittelgroßen Topf über mittlerer Hitze. Gib die Zwiebel hinein und dünste sie, bis sie glasig ist.

2. Füge den gehackten Ingwer hinzu und brate ihn für etwa eine Minute mit den Zwiebeln zusammen, bis er sein Aroma freigibt.

3. Jetzt ist der Grünkohl an der Reihe. Gib ihn in den Topf und brate ihn für etwa 2-3 Minuten mit, bis er anfängt, zusammenzufallen und dunkler zu werden.

4. Übergieße den Grünkohl und den Ingwer mit der Gemüsebrühe. Lass die Suppe aufkochen und reduziere dann die Hitze, sodass sie nur noch köchelt. Lass sie für etwa 10 Minuten köcheln, bis der Grünkohl weich ist.

5. Nun nimm den Topf vom Herd und püriere die Suppe mit einem Stabmixer, bis sie eine glatte Konsistenz hat. Falls du möchtest, kannst du auch ein paar Blätter Grünkohl zur Seite legen, bevor du pürierst, um sie später als Garnierung zu verwenden.

6. Schmecke die Suppe mit Salz, Pfeffer und Zitronensaft ab. Serviere sie heiß und garniere sie mit den gehackten Mandeln und eventuell den beiseite gelegten Grünkohlblättern.

Sellerie-Apfel-Suppe

Zubereitungszeit: 15 Minuten + 30 Minuten Kochzeit
Portionen: 2

Zutaten:

- 500 g Knollensellerie, geschält und in Würfel geschnitten
- 2 mittelgroße Äpfel, entkernt und in Stücke geschnitten
- 1 Zwiebel, fein gehackt
- 2 EL natives Olivenöl extra
- 500 ml Gemüsebrühe
- 1 TL Kurkuma
- 1 EL frischer Ingwer, fein gerieben
- Salz und Pfeffer nach Geschmack
- 2 EL Bio-Zitronensaft
- 2 EL Mandelblättchen, zum Garnieren

Zubereitung:

1. In einem mittelgroßen Topf das Olivenöl erhitzen und die fein gehackte Zwiebel darin glasig dünsten.

2. Den gewürfelten Sellerie und die Apfelstücke hinzufügen und etwa 5 Minuten unter ständigem Rühren anbraten, bis sie anfangen, etwas Farbe anzunehmen.

3. Jetzt den frischen Ingwer und Kurkuma einstreuen und alles gut vermischen, bis das Gemüse gleichmäßig gewürzt ist.

4. Mit der Gemüsebrühe ablöschen und die Suppe zum Kochen bringen. Dann die Hitze reduzieren und die Suppe etwa 30 Minuten köcheln lassen, bis der Sellerie und die Äpfel weich sind.

5. Die Suppe vom Herd nehmen und mit einem Stabmixer fein pürieren, bis sie glatt ist. Falls die Suppe zu dick ist, etwas mehr Brühe hinzufügen.

6. Mit Salz, Pfeffer und Zitronensaft abschmecken.

7. Vor dem Servieren die Mandelblättchen in einer trockenen Pfanne anrösten und die Suppe damit garnieren.

Grüne Erbsen-Minz-Suppe

Zubereitungszeit: 10 Minuten + 20 Minuten Kochzeit
Portionen: 2

Zutaten:

- 500 g frische grüne Erbsen, gepellt
- 1 Bund frische Minze, fein gehackt
- 1 Zwiebel, gewürfelt
- 2 Knoblauchzehen, gehackt
- 500 ml Gemüsebrühe
- 200 ml Kokosmilch
- 1 EL Kokosöl
- Salz und Pfeffer nach Geschmack
- Ein Spritzer Bio-Zitronensaft
- Einige Minzblätter zum Garnieren

Zubereitung:

1. Du beginnst, indem du das Kokosöl in einem Topf erhitzt. Gib die gewürfelte Zwiebel und den gehackten Knoblauch dazu und dünste sie, bis sie glasig und duftend sind.

2. Nun ist der Moment gekommen, um die grünen Erbsen hinzuzufügen. Vermische sie gut mit Zwiebeln und Knoblauch, so dass sie alle Aromen aufnehmen können.

3. Füge die Gemüsebrühe hinzu und bringe die Suppe zum Kochen. Lasse sie etwa 15 Minuten köcheln, bis die Erbsen weich sind.

4. Nachdem die Erbsen gekocht sind, gib die fein gehackte Minze in den Topf. Rühre gut um und koche die Suppe weitere 2 Minuten.

5. Nun füge die Kokosmilch hinzu, um der Suppe eine cremige Konsistenz zu verleihen. Schmecke sie mit Salz, Pfeffer und einem Spritzer Zitronensaft ab.

6. Verwende einen Stabmixer, um die Suppe zu pürieren. Du kannst sie so fein oder so grob pürieren, wie du magst.

7. Serviere die Suppe heiß, garniert mit einigen frischen Minzblättern.

Spinat-Kartoffel-Kokos-Suppe

Zubereitungszeit: 10 Minuten + 20 Minuten Kochzeit
Portionen: 2

Zutaten:

- 200 g frischer Spinat, gründlich gewaschen
- 2 mittelgroße Kartoffeln, geschält und in Würfel geschnitten
- 400 ml Kokosmilch
- 1 Zwiebel, fein gehackt
- 2 Knoblauchzehen, fein gehackt
- 1 EL Kokosöl
- 1 TL Kurkuma
- Salz und Pfeffer nach Geschmack
- 1 EL Bio-Zitronensaft
- Frische Petersilie, grob gehackt, zum Garnieren

Zubereitung:

1. Erhitze das Kokosöl in einem großen Topf über mittlerer Hitze. Füge die gehackte Zwiebel und den Knoblauch hinzu und dünste sie, bis sie weich und duftend sind. Das sollte etwa 3-4 Minuten dauern.

2. Füge die gewürfelten Kartoffeln in den Topf hinzu und rühre um, so dass sie gut mit Zwiebeln und Knoblauch vermischt sind. Lass das Ganze für etwa 5 Minuten kochen, bis die Kartoffeln anfangen weich zu werden.

3. Gib den Spinat in den Topf und lass ihn zusammenfallen. Das sollte nur 1-2 Minuten dauern.

4. Füge die Kokosmilch und den Kurkuma hinzu. Rühre alles gut durch und lass die Suppe für 15-20 Minuten köcheln, bis die Kartoffeln vollständig weich sind.

5. Nimm den Topf vom Herd und püriere die Suppe mit einem Stabmixer oder in einem Standmixer bis sie glatt ist. Achte darauf, sie ein wenig abkühlen zu lassen, bevor du sie in den Mixer gibst, um Spritzern zu vermeiden.

6. Schmecke die Suppe mit Salz, Pfeffer und Zitronensaft ab. Rühre alles gut durch und serviere die Suppe in Schalen. Garniere jede Portion mit einer Handvoll frisch gehackter Petersilie und genieße deine köstliche, basische Suppe.

Pastinaken-Petersilienwurzel-Suppe

Zubereitungszeit: 10 Minuten + 25 Minuten Kochzeit
Portionen: 2

Zutaten:

- 2 Pastinaken, geschält und gewürfelt
- 1 große Petersilienwurzel, geschält und gewürfelt
- 1 rote Zwiebel, geschält und fein gehackt
- 2 Knoblauchzehen, geschält und fein gehackt
- 1 EL natives Olivenöl extra
- 1 TL Kreuzkümmel
- 1 TL Kurkuma
- 750 ml Gemüsebrühe
- 1 Prise schwarzer Pfeffer
- 1 EL Bio-Zitronensaft
- 2 EL Mandelmilch
- Frische Petersilie zum Garnieren

Zubereitung:

1. Erhitze das Olivenöl in einem großen Topf über mittlerer Hitze. Gib die gehackte Zwiebel und den Knoblauch hinzu und dünste sie an, bis sie weich und duftend sind.

2. Füge die gewürfelten Pastinaken und Petersilienwurzel hinzu und rühre sie gut um, damit sie mit dem Olivenöl bedeckt sind. Lasse das Gemüse ein paar Minuten anbraten, bis es beginnt, an den Rändern leicht zu bräunen.

3. Streue den Kreuzkümmel und das Kurkuma über das Gemüse und rühre gut um, um die Gewürze gleichmäßig zu verteilen. Lasse die Gewürze etwa eine Minute lang mitkochen, um ihren Geschmack zu entfalten.

4. Gieße die Gemüsebrühe in den Topf und rühre gut um, um sicherzustellen, dass nichts am Boden des Topfes festklebt. Lasse die Suppe zum Kochen bringen.

5. Reduziere die Hitze auf niedrig und lasse die Suppe etwa 20 Minuten lang köcheln, bis das Gemüse weich ist.

6. Püriere die Suppe mit einem Stabmixer oder in einem Standmixer, bis sie glatt und cremig ist. Gib Zitronensaft, Mandelmilch und Pfeffer hinzu und rühre gut um.

7. Schmecke die Suppe ab und füge bei Bedarf noch mehr Salz, Pfeffer oder Zitronensaft hinzu. Serviere die Suppe heiß, garniert mit frischer Petersilie.

Salate

Quinoa-Avocado-Power-Salat

Zubereitungszeit: 15 Minuten + 15 Minuten Kühlzeit
Portionen: 2

Zutaten:

- 100 g Quinoa, gut abgespült
- 250 ml Wasser
- 1 reife Avocado, entkernt und gewürfelt
- 1 mittelgroße rote Zwiebel, fein gewürfelt
- 1 rote Paprika, entkernt und gewürfelt
- 1/2 Bund Petersilie, grob gehackt
- Saft von 1 Bio-Zitrone
- 2 EL natives Olivenöl extra
- Salz und Pfeffer nach Geschmack
- 1 TL gemahlener Kreuzkümmel
- 1 EL Leinsamen, gemahlen

Zubereitung:

1. Gib das Wasser in einen Topf und bringe es zum Kochen. Sobald es kocht, füge das abgespülte Quinoa hinzu und reduziere die Hitze auf mittlere Stufe. Lass es etwa 15 Minuten köcheln, bis das Quinoa gar ist und das Wasser aufgesogen hat. Nimm es vom Herd und lass es abkühlen.

2. Während das Quinoa abkühlt, kannst du mit der Vorbereitung der anderen Zutaten beginnen. Schäle die Avocado, entkerne sie und schneide sie in kleine Würfel. Tu dasselbe mit der roten Zwiebel und der Paprika.

3. Hacke die Petersilie grob und gib sie zusammen mit den gewürfelten Zutaten in eine große Salatschüssel.

4. Füge nun das abgekühlte Quinoa zu den anderen Zutaten in der Schüssel hinzu und vermische alles gut.

5. Für das Dressing presse die Zitrone aus und vermische den Saft mit dem Olivenöl, Salz, Pfeffer und Kreuzkümmel. Gieße das Dressing über den Salat und vermische alles gut.

6. Zum Schluss streue den gemahlenen Leinsamen über den Salat. Nun ist es Zeit, den Salat zu probieren. Falls nötig, kannst du noch etwas Salz oder Pfeffer hinzufügen.

7. Decke die Schüssel ab und lass den Salat mindestens 15 Minuten im Kühlschrank durchziehen, damit die Aromen sich entfalten können.

Fruchtiger Fenchel-Radieschen-Salat

Zubereitungszeit: 15 Minuten + 5 Minuten Ruhezeit
Portionen: 2

Zutaten:

- 1 mittelgroßer Fenchel, gewaschen und in dünne Scheiben geschnitten
- 6 Radieschen, gewaschen und in dünne Scheiben geschnitten
- 1 reife Mango, geschält und in Würfel geschnitten
- 1 EL natives Olivenöl extra
- 2 TL Apfelessig
- 1 TL Ahornsirup
- Eine Prise Salz
- Eine Prise Pfeffer
- 2 EL gehackte frische Minze

Zubereitung:

1. Nimm zuerst den Fenchel und die Radieschen. Schneide sie in dünne Scheiben und gib sie in eine große Schüssel.

2. Füge die gewürfelte Mango hinzu. Sie gibt dem Salat seine fruchtige Note.

3. Jetzt geht es an das Dressing. Vermische Olivenöl, Apfelessig und Ahornsirup in einer kleinen Schüssel. Schmecke es mit Salz und Pfeffer ab und rühre es gut um, bis es sich verbindet.

4. Gib das Dressing über die geschnittenen Gemüse und die Mango. Vermische alles gut miteinander, damit alle Zutaten gleichmäßig mit dem Dressing bedeckt sind.

5. Lasse den Salat etwa 5 Minuten ruhen, damit die Aromen sich richtig entfalten können.

6. Kurz vor dem Servieren streue die gehackte Minze über den Salat. Sie gibt ihm eine herrliche Frische und passt hervorragend zu den anderen Zutaten.

Bunter Hirsesalat mit Beeren

Zubereitungszeit: 10 Minuten + 20 Minuten Kochzeit
Portionen: 2

Zutaten:

- 100 g Hirse, gründlich abgespült
- 300 ml Wasser
- 1 Prise Salz
- 200 g gemischte Beeren (Erdbeeren, Heidelbeeren, Himbeeren), gewaschen und geviertelt oder halbiert
- 1 Bund Frühlingszwiebeln, in feine Ringe geschnitten
- 1 rote Paprika, gewürfelt
- 2 EL natives Olivenöl extra
- 2 EL Bio-Zitronensaft
- 1 TL Ahornsirup
- Salz und Pfeffer nach Geschmack
- 2 EL gehackte frische Minze

Zubereitung:

1. Gib die Hirse mit dem Wasser und einer Prise Salz in einen Topf. Bring alles zum Kochen und lass die Hirse dann bei niedriger Hitze etwa 20 Minuten quellen, bis sie das Wasser aufgesogen hat. Lass die Hirse anschließend etwas abkühlen.

2. In der Zwischenzeit bereitest du das Gemüse und die Beeren vor. Schneide die Frühlingszwiebeln in feine Ringe, würfle die Paprika und halbiere oder viertele die Beeren.

3. Mische nun für das Dressing das Olivenöl, den Zitronensaft und den Ahornsirup in einer kleinen Schale. Würze es mit Salz und Pfeffer und gib die gehackte Minze dazu.

4. Kombiniere nun alle Zutaten in einer großen Schüssel. Gib zuerst die abgekühlte Hirse hinein, füge dann das Gemüse und die Beeren hinzu und gieße das Dressing darüber.

5. Mische alles gründlich durch, bis sich die Aromen schön vermischt haben. Lass den Salat vor dem Servieren noch ein paar Minuten ziehen, damit sich die Aromen entfalten können. Fertig ist dein bunter, sommerlicher Hirsesalat mit Beeren!

Sommerlicher Wassermelonen-Gurken-Salat

Zubereitungszeit: 15 Minuten + 30 Minuten Kühlzeit
Portionen: 2

Zutaten:

- 250 g Wassermelone, entkernt und in Würfel geschnitten
- 150 g Salatgurke, gewaschen und in Würfel geschnitten
- 50 g Radieschen, gewaschen und in dünne Scheiben geschnitten
- 2 EL frischer Bio-Zitronensaft
- 2 EL natives Olivenöl extra
- 1 Prise Meersalz
- 1 EL frische Minzblätter, gewaschen und fein gehackt
- 2 EL Hanfsamen, ungeschält und roh

Zubereitung:

1. Nimm zuerst die Wassermelone und die Gurke. Schneide beides in gleich-große Würfel. Die Radieschen schneidest du in dünne Scheiben. Die Minzblätter hackst du fein.

2. Jetzt geht's ans Dressing. In einer kleinen Schüssel vermischt du den frischen Zitronensaft mit dem Olivenöl und einer Prise Meersalz.

3. Nun vermischst du in einer großen Salatschüssel die vorbereiteten Wassermelonen- und Gurkenwürfel, die Radieschenscheiben und das Dressing. Mische alles gut durch, bis die Zutaten gleichmäßig mit dem Dressing bedeckt sind.

4. Streue jetzt die fein gehackte Minze und die Hanfsamen über den Salat.

5. Zum Schluss lässt du den Salat für etwa 30 Minuten im Kühlschrank ziehen. Das ermöglicht den Aromen, sich vollständig zu entfalten.

6. Serviere den Salat direkt aus dem Kühlschrank. So bleibt er schön kühl und erfrischend – perfekt für einen heißen Sommertag.

Rote-Bete-Apfel-Salat

Zubereitungszeit: 20 Minuten + 30 Minuten Abkühlzeit
Portionen: 2

Zutaten:

- 1 mittelgroße Rote Bete, gekocht und geschält
- 1 knackiger Apfel, geschält und entkernt
- 1 kleiner Bund Frühlingszwiebeln, gewaschen und in feine Ringe geschnitten
- 1 EL Hanfsamen
- 1 EL Kürbiskerne, geröstet
- 1 Handvoll frischer Dill, gewaschen und grob gehackt
- 2 EL natives Olivenöl extra
- 1 EL Bio-Zitronensaft, frisch gepresst
- Salz und Pfeffer nach Geschmack

Zubereitung:

1. Schneide die Rote Bete und den Apfel in dünne Streifen oder Würfel, je nachdem, was dir lieber ist. Gib sie in eine große Salatschüssel.

2. Füge die geschnittenen Frühlingszwiebeln, Hanfsamen und gerösteten Kürbiskerne hinzu. Mische alles gut durch.

3. In einer kleinen Schüssel mische das Olivenöl und den Zitronensaft zusammen. Würze mit Salz und Pfeffer nach Geschmack. Dies ist dein Dressing.

4. Gib das Dressing über deinen Salat und mische erneut, bis alle Zutaten gleichmäßig bedeckt sind.

5. Lass den Salat für etwa 30 Minuten im Kühlschrank abkühlen. Dies gibt den Aromen Zeit, sich zu vermischen.

6. Vor dem Servieren streue den frischen Dill über den Salat. Fertig ist dein Rote-Bete-Apfel-Salat!

Grünkohl-Karotten-Salat

Zubereitungszeit: 15 Minuten + 30 Minuten Ruhezeit
Portionen: 2

Zutaten:

- 100 g frischer Grünkohl, gewaschen und in feine Streifen geschnitten
- 2 mittelgroße Karotten, gewaschen und grob geraspelt
- 1 kleiner roter Zwiebel, fein gehackt
- 2 EL natives Olivenöl extra
- Saft und Abrieb einer halben Bio-Zitrone
- 1 EL Apfelessig
- 1 TL Ahornsirup
- Salz und Pfeffer nach Geschmack
- 2 EL Sonnenblumenkerne, leicht geröstet
- Einige frische Basilikumblätter, gewaschen und gehackt

Zubereitung:

1. In einer großen Schüssel den Grünkohl, die Karotten und den roten Zwiebel vermengen.

2. In einer kleinen Schüssel Olivenöl, Zitronensaft und -abrieb, Apfelessig und Ahornsirup zusammengeben. Salz und Pfeffer hinzufügen und alles gut verrühren, bis eine homogene Vinaigrette entsteht.

3. Die Vinaigrette über den Salat gießen und alles gut durchmischen, damit die Zutaten gleichmäßig von der Vinaigrette bedeckt sind.

4. Den Salat 30 Minuten ruhen lassen, damit die Aromen sich entfalten können.

5. Vor dem Servieren die Sonnenblumenkerne und das frische Basilikum über den Salat streuen.

Spinat-Orangen-Walnuss-Salat

Zubereitungszeit: 15 Minuten + 10 Minuten Ruhezeit
Portionen: 2

Zutaten:

- 200 g frischer Spinat, gründlich gewaschen und trockengeschleudert
- 2 mittelgroße Bio-Orangen, geschält und in Scheiben geschnitten
- 50 g Walnüsse, grob gehackt
- 1 EL natives Olivenöl extra
- 1 TL Apfelessig
- Salz und Pfeffer nach Geschmack
- 1 kleine rote Zwiebel, fein gewürfelt

Zubereitung:

1. Beginne, indem du den Spinat in eine große Salatschüssel gibst. Stelle sicher, dass der Spinat trocken ist, damit das Dressing gut haften kann.

2. Füge nun die Orangenscheiben zum Spinat hinzu.

3. Jetzt ist es an der Zeit, die Walnüsse hinzuzufügen.

4. Für das Dressing vermische das Olivenöl und den Apfelessig in einer kleinen Schüssel. Füge eine Prise Salz und Pfeffer hinzu und rühre das Ganze gut durch.

5. Gib die fein gewürfelte rote Zwiebel in das Dressing und rühre erneut. Die Zwiebel gibt dem Dressing eine leichte Schärfe und sorgt für eine extra Portion Geschmack.

6. Gieße das Dressing über den Salat und vermische alles gut miteinander. Stelle den Salat dann für etwa 10 Minuten beiseite, um die Aromen einziehen zu lassen. Guten Appetit!

Chicorée-Mango-Salat

Zubereitungszeit: 15 Minuten + 30 Minuten Ruhezeit
Portionen: 2

Zutaten:

- 2 Chicorée-Köpfe, gewaschen und in Streifen geschnitten
- 1 reife Mango, geschält und in Würfel geschnitten
- 1 rote Zwiebel, in dünne Ringe geschnitten
- Saft von 1 Bio-Zitrone, frisch gepresst
- 2 EL natives Olivenöl extra
- 1 TL Honig, optional
- Salz und Pfeffer nach Geschmack
- 2 EL gehackte frische Minze
- 30 g gehackte Walnüsse

Zubereitung:

1. Nimm eine große Schüssel und mische dort den Chicorée, die Mango und die rote Zwiebel.

2. In einer kleinen Schüssel bereitest du das Dressing vor. Kombiniere den frisch gepressten Zitronensaft, das Olivenöl und den Honig. Schmecke mit Salz und Pfeffer ab und rühre alles gut um, bis es gut vermischt ist.

3. Gieße das Dressing über den Salat in der großen Schüssel und mische alles gut durch, bis alle Zutaten gleichmäßig bedeckt sind.

4. Lasse den Salat etwa 30 Minuten im Kühlschrank durchziehen. So können sich die Aromen wunderbar entfalten.

5. Kurz vor dem Servieren gibst du die gehackte frische Minze und die gehackten Walnüsse hinzu. Mische alles noch einmal gut durch.

6. Jetzt ist dein Chicorée-Mango-Salat fertig zum Genießen. Er passt perfekt als leichter Lunch oder als farbenfrohe Beilage beim Abendessen.

Linsensalat mit frischen Kräutern

Zubereitungszeit: 20 Minuten + 30 Minuten Ruhezeit
Portionen: 2

Zutaten:

- 150 g grüne Linsen, abgespült und abgetropft
- 500 ml Gemüsebrühe
- 1 rote Zwiebel, fein gewürfelt
- 2 EL natives Olivenöl extra
- 1 EL Apfelessig
- Saft einer halben Bio-Zitrone
- 1 TL Ahornsirup
- Salz und Pfeffer nach Geschmack
- 1 Handvoll frische Kräuter (Petersilie, Basilikum, Schnittlauch), grob gehackt
- 1 Avocado, entkernt und gewürfelt
- 50 g Rucola, gewaschen und grob gehackt

Zubereitung:

1. Gib die abgespülten Linsen in einen Topf, gieße die Gemüsebrühe darüber und bringe alles zum Kochen. Lasse die Linsen etwa 15-20 Minuten köcheln, bis sie gar, aber noch bissfest sind.

2. Während die Linsen kochen, bereite das Dressing vor. In einer kleinen Schüssel vermischst du das Olivenöl, den Apfelessig, Zitronensaft und Ahornsirup. Schmecke das Dressing mit Salz und Pfeffer ab.

3. In der Zwischenzeit würfelst du die Zwiebel und die Avocado und hackst die frischen Kräuter grob.

4. Sobald die Linsen gar sind, siebst du sie ab und lässt sie etwas abkühlen. Gib die Linsen dann in eine große Salatschüssel.

5. Füge die gewürfelte Zwiebel, Avocado, gehackten Kräuter und den Rucola zu den Linsen hinzu.

6. Gieße das Dressing über den Salat und vermische alles gut miteinander. Lasse den Salat 30 Minuten ruhen, damit die Aromen sich gut verbinden können.

7. Vor dem Servieren noch einmal abschmecken und eventuell nachwürzen.

Kohlrabi-Apfel-Salat

Zubereitungszeit: 15 Minuten + 10 Minuten Ruhezeit
Portionen: 2

Zutaten:

- 1 mittelgroßer Kohlrabi, geschält und in dünne Streifen geschnitten
- 1 großer Apfel, entkernt und in dünne Streifen geschnitten
- 2 EL natives Olivenöl extra
- 1 EL Apfelessig
- Saft einer halben Bio-Zitrone
- 1 TL Ahornsirup
- Eine Handvoll frische Petersilie, fein gehackt
- Salz und Pfeffer nach Geschmack

Zubereitung:

1. Nimm zuerst den Kohlrabi und den Apfel. Nachdem du sie ordentlich gewaschen und vorbereitet hast, schneide sie in dünne Streifen. Die Streifen sollten nicht zu dick sein, damit sie den Geschmack des Dressings gut aufnehmen können.

2. Für das Dressing vermische das Olivenöl, den Apfelessig, den Zitronensaft und den Ahornsirup in einer kleinen Schüssel. Würze mit einer Prise Salz und Pfeffer. Rühre alles gut durch, bis es eine gleichmäßige Mischung ist.

3. Gib nun die Kohlrabi- und Apfelstreifen in eine große Schüssel. Gieße das Dressing darüber und vermische alles gut miteinander. Achte darauf, dass alle Streifen gut mit dem Dressing bedeckt sind.

4. Lasse den Salat nun etwa 10 Minuten ruhen. In dieser Zeit kann er das Dressing aufnehmen und die Aromen können sich entfalten.

5. Kurz vor dem Servieren gibst du die fein gehackte Petersilie darüber und vermischst alles noch einmal gut. Und schon ist dein Kohlrabi-Apfel-Salat fertig!

Hauptgerichte

Buchweizen-Pilz-Pfanne

Zubereitungszeit: 10 Minuten + 20 Minuten Kochzeit
Portionen: 2

Zutaten:

- 150 g Buchweizen, gut abgespült
- 200 g frische Champignons, in Scheiben geschnitten
- 1 mittelgroße Zwiebel, fein gehackt
- 2 Knoblauchzehen, fein gehackt
- 1 EL natives Olivenöl extra
- 300 ml Gemüsebrühe
- 1 EL frischer Thymian, gehackt
- 1 EL frische Petersilie, gehackt
- 1 TL Meersalz
- 1/2 TL frisch gemahlener schwarzer Pfeffer
- 1 EL Bio-Zitronensaft

Zubereitung:

1. Erhitze das Olivenöl in einer großen Pfanne über mittlerer Hitze. Gib die gehackte Zwiebel dazu und brate sie an, bis sie glasig und weich ist. Das sollte etwa 3 bis 5 Minuten dauern.

2. Nun füge den gehackten Knoblauch hinzu und lass ihn ein bis zwei Minuten mitbraten, bis er sein Aroma entfaltet hat.

3. Jetzt ist es Zeit für die Champignons. Gib sie in die Pfanne und brate sie an, bis sie schön goldbraun sind. Das dauert in der Regel etwa 5 bis 7 Minuten.

4. Als nächstes kommt der Buchweizen dazu. Rühre ihn unter die Pilz-Zwiebel-Mischung und lass ihn ein paar Minuten mitbraten, damit er ein wenig röstet und sein nussiges Aroma entfalten kann.

5. Nun gib die Gemüsebrühe, den Thymian, das Salz und den Pfeffer dazu. Rühre alles gut um, reduziere die Hitze auf ein Minimum, decke die Pfanne ab und lass alles 15 bis 20 Minuten köcheln, bis der Buchweizen weich ist und die Flüssigkeit aufgenommen hat.

6. Zum Schluss gibst du den Zitronensaft und die gehackte Petersilie hinzu. Rühre noch einmal alles gut durch, bevor du die Pfanne vom Herd nimmst.

Gefüllte Paprika mit Hirse

Zubereitungszeit: 15 Minuten + 35 Minuten Backzeit
Portionen: 2 gefüllte Paprika

Zutaten:

- 2 mittelgroße rote Paprika, halbiert und entkernt
- 100 g Hirse, gut gespült
- 250 ml Gemüsebrühe
- 1 kleine Zwiebel, gewürfelt
- 1 kleine Zucchini, gewürfelt
- 2 EL natives Olivenöl extra
- 1 TL Kreuzkümmel
- 1 TL Kurkuma
- Salz und Pfeffer nach Geschmack
- Eine Handvoll frischer Basilikum, gehackt

Zubereitung:

1. Heize deinen Ofen auf 180 °C vor. Lege die halbierten Paprika mit der Schnittfläche nach unten auf ein mit Backpapier ausgelegtes Backblech und backe sie für 15 Minuten, bis sie gerade weich sind.

2. Während die Paprika im Ofen sind, koche die Hirse. Gib die gespülte Hirse und die Gemüsebrühe in einen Topf und bringe alles zum Kochen. Reduziere die Hitze und lass die Hirse 15 Minuten lang köcheln, bis sie weich ist und die Flüssigkeit aufgenommen hat. Nimm den Topf vom Herd und lass ihn zugedeckt noch 5 Minuten stehen.

3. Erhitze währenddessen das Olivenöl in einer Pfanne und füge die gewürfelte Zwiebel und Zucchini hinzu. Brate sie an, bis sie weich sind. Füge den Kreuzkümmel und Kurkuma hinzu und brate alles weitere 2 Minuten.

4. Mische die gekochte Hirse und das Gemüse in der Pfanne. Schmecke die Mischung mit Salz und Pfeffer ab und rühre den gehackten Basilikum unter.

5. Nimm die Paprika aus dem Ofen und lass sie ein wenig abkühlen. Fülle sie dann mit der Hirse-Gemüse-Mischung und schiebe sie zurück in den Ofen. Backe sie weitere 20 Minuten.

6. Serviere die gefüllten Paprika warm. Sie schmecken hervorragend mit einem frischen Salat als Beilage.

Zucchini-Kartoffel-Auflauf

Zubereitungszeit: 15 Minuten + 35 Minuten Backzeit
Portionen: 2

Zutaten:

- 2 mittelgroße Zucchini, gewaschen und in Scheiben geschnitten
- 3 mittelgroße Kartoffeln, geschält und in Scheiben geschnitten
- 1 rote Zwiebel, fein gewürfelt
- 2 Knoblauchzehen, fein gehackt
- 100 g Mandelmilch
- 2 EL natives Olivenöl extra
- 1 TL frischer Thymian, gehackt
- 1 TL frischer Rosmarin, gehackt
- Salz und Pfeffer nach Geschmack
- 50 g Mandelblättchen, leicht geröstet

Zubereitung:

1. Heize den Ofen auf 180 Grad vor. Während der Ofen vorheizt, bringe einen Topf mit Wasser zum Kochen und blanchiere die Kartoffelscheiben für etwa 5 Minuten, bis sie leicht weich sind. Achte darauf, sie nicht zu weich zu kochen, da sie sonst im Auflauf zerfallen. Gieße sie ab und stelle sie beiseite.

2. Während die Kartoffeln blanchieren, erhitzt du das Olivenöl in einer Pfanne und dünstest die Zwiebel und den Knoblauch darin an, bis sie weich und duftend sind.

3. In einer Auflaufform verteilst du nun abwechselnd eine Schicht Kartoffeln und eine Schicht Zucchini. Beginne und beende mit einer Schicht Kartoffeln. Streue nach jeder Schicht etwas von dem gedünsteten Zwiebel-Knoblauch-Gemisch, Thymian und Rosmarin darüber und würze mit Salz und Pfeffer.

4. Gieße die Mandelmilch gleichmäßig über den Auflauf und bestreue ihn mit den Mandelblättchen.

5. Backe den Auflauf im vorgeheizten Ofen für etwa 35 Minuten, oder bis die Oberfläche goldbraun ist und die Kartoffeln vollständig durchgegart sind. Lasse den Auflauf ein paar Minuten abkühlen, bevor du ihn servierst.

Grünkohl-Rouladen

Zubereitungszeit: 30 Minuten + 15 Minuten Ruhezeit
Portionen: 4 Rouladen

Zutaten:

- 8 große Grünkohlblätter, gewaschen und die harten Stiele entfernt
- 200 g Quinoa, gut gespült
- 1 mittelgroße Rote Bete, gewürfelt
- 2 EL natives Olivenöl extra
- 1 TL Kreuzkümmel, gemahlen
- 1 TL Kurkuma, gemahlen
- 1 mittelgroße Zwiebel, fein gehackt
- 2 Knoblauchzehen, fein gehackt
- 200 ml Gemüsebrühe
- Salz und Pfeffer nach Geschmack
- 2 EL Mandelmus

Zubereitung:

1. Zunächst die Grünkohlblätter blanchieren. Dafür einen Topf mit Wasser zum Kochen bringen, die Blätter hineingeben und für 2-3 Minuten kochen lassen, bis sie weich, aber immer noch leuchtend grün sind. Anschließend in eiskaltem Wasser abschrecken und abtropfen lassen.

2. In der Zwischenzeit das Olivenöl in einer Pfanne erhitzen und die Zwiebel und den Knoblauch darin anbraten, bis sie weich und goldbraun sind. Die gewürfelte Rote Bete hinzufügen und für weitere 5 Minuten braten.

3. Nun das Quinoa in die Pfanne geben und mit Kreuzkümmel und Kurkuma bestreuen. Kurz umrühren, bis alles gut vermischt ist. Dann die Gemüsebrühe hinzufügen und zum Kochen bringen. Die Hitze reduzieren und das Quinoa 15 Minuten lang köcheln lassen, bis es weich ist und die gesamte Brühe aufgenommen hat.

4. Sobald das Quinoa fertig ist, Salz und Pfeffer nach Geschmack hinzufügen und die Pfanne vom Herd nehmen. Das Quinoa etwas abkühlen lassen, dann das Mandelmus einrühren, bis es gut eingearbeitet ist.

5. Jetzt kommt der spaßige Teil: die Grünkohlblätter mit der Quinoa-Rote-Bete-Mischung füllen! Jedes Blatt auf eine flache Oberfläche legen, etwa 2-3 Esslöffel der Mischung in die Mitte geben und dann die Seiten über die Füllung klappen, um eine Roulade zu formen.

6. Die Rouladen mit der Naht nach unten auf einen Teller legen und 15 Minuten ruhen lassen, damit sie ihre Form behalten.

7. Zum Servieren können die Grünkohl-Rouladen kalt oder leicht erwärmt in der Pfanne genossen werden. Guten Appetit!

Süßkartoffel-Kürbis-Gratin

Zubereitungszeit: 15 Minuten + 35 Minuten Backzeit
Portionen: 2

Zutaten:

- 1 mittelgroße Süßkartoffel (etwa 200 g), gewaschen und in dünne Scheiben geschnitten
- 1 kleiner Hokkaido-Kürbis (etwa 500 g), gewaschen, entkernt und in dünne Scheiben geschnitten
- 2 EL natives Olivenöl extra
- 1 TL grobes Meersalz
- 1/2 TL frisch gemahlener schwarzer Pfeffer
- 1 TL getrockneter Thymian
- 2 EL Mandelsplitter
- 200 ml Mandelmilch
- 1 EL Buchweizenmehl
- 1 Knoblauchzehe, gepresst

Zubereitung:

1. Heize deinen Ofen auf 200 Grad vor.

2. In der Zwischenzeit vermische die Süßkartoffel- und Kürbisscheiben in einer großen Schüssel mit dem Olivenöl, Salz, Pfeffer und Thymian. Achte darauf, dass alle Scheiben gut mit der Würzmischung bedeckt sind.

3. Verteile die gewürzten Gemüsescheiben in einer Auflaufform, indem du sie abwechselnd schichtest.

4. Vermenge in einem kleinen Topf die Mandelmilch, das Buchweizenmehl und den gepressten Knoblauch. Erwärme die Mischung unter ständigem Rühren, bis sie leicht eingedickt ist.

5. Gieße diese cremige Sauce gleichmäßig über die Gemüsescheiben in der Auflaufform.

6. Streue die Mandelsplitter über das Gratin.

7. Backe dein Gratin im vorgeheizten Ofen für etwa 35 Minuten, bis das Gemüse weich und die Oberseite goldbraun ist.

Spinat-Kichererbsen-Curry

Zubereitungszeit: 15 Minuten + 20 Minuten Kochzeit
Portionen: 2

Zutaten:

- 200 g frischer Spinat, gewaschen und grob gehackt
- 200 g Kichererbsen, abgetropft und abgespült
- 1 mittelgroße Zwiebel, fein gewürfelt
- 2 Knoblauchzehen, fein gehackt
- 1 EL Kokosöl
- 200 ml Kokosmilch
- 1 TL Kreuzkümmel, gemahlen
- 1 TL Koriander, gemahlen
- 1/2 TL Kurkuma, gemahlen
- 1/2 TL Cayennepfeffer (optional, für etwas Schärfe)
- Salz und Pfeffer nach Geschmack
- Frischer Koriander zum Garnieren, grob gehackt

Zubereitung:

1. Erhitze das Kokosöl in einer tiefen Pfanne oder einem mittelgroßen Topf über mittlerer Hitze. Gib die Zwiebel und den Knoblauch hinein und dünste sie, bis sie weich und duftend sind.

2. Füge den Kreuzkümmel, Koriander, Kurkuma und Cayennepfeffer hinzu. Rühre gut um, sodass die Gewürze die Zwiebel und den Knoblauch überziehen. Lass alles für etwa 1 Minute köcheln, um die Aromen der Gewürze freizusetzen.

3. Gib die Kichererbsen hinzu und rühre um, um sie mit den Gewürzen zu überziehen. Lass die Mischung für 2-3 Minuten köcheln.

4. Füge den Spinat hinzu und rühre um, bis er beginnt zusammenzufallen. Gib dann die Kokosmilch hinzu und verrühre alles gut. Lass das Curry für etwa 10 Minuten köcheln, bis es gut durchgewärmt ist und der Spinat vollständig verwelkt ist.

5. Schmecke das Curry mit Salz und Pfeffer ab. Wenn du möchtest, kannst du noch mehr Gewürze hinzufügen.

6. Serviere das Curry in Schüsseln und garniere es mit frischem Koriander. Es passt hervorragend zu warmem Quinoa oder braunem Reis.

Gegrillter Fenchel mit Mandelkruste

Zubereitungszeit: 10 Minuten + 15 Minuten Grillzeit
Portionen: 2

Zutaten:

- 2 große Fenchelknollen, geviertelt
- 100 g Mandeln, grob gehackt
- 4 EL natives Olivenöl extra
- 2 TL Bio-Zitronensaft, frisch gepresst
- 1 EL Kokosblütenzucker
- 1 Prise Meersalz
- 1 Prise frisch gemahlener schwarzer Pfeffer
- 2 EL frische Petersilie, fein gehackt

Zubereitung:

1. Zuerst den Grill vorheizen. Währenddessen die Fenchelknollen waschen, den Strunk entfernen und jede Knolle in vier gleiche Teile schneiden.

2. In einer kleinen Schüssel das Olivenöl, den Zitronensaft, den Kokosblütenzucker, Salz und Pfeffer vermischen. Diese Mischung dient als Marinade für den Fenchel.

3. Den geviertelten Fenchel in die Marinade legen und gut durchmischen, sodass alle Seiten gut bedeckt sind. Anschließend den Fenchel auf den Grill legen und jede Seite ca. 7-8 Minuten grillen, bis er weich ist und schöne Grillstreifen hat.

4. Während der Fenchel grillt, die Mandeln grob hacken und in einer Pfanne ohne Öl leicht anrösten, bis sie duften und goldbraun sind.

5. Den gegrillten Fenchel vom Grill nehmen und auf einer Servierplatte anrichten. Die gerösteten Mandeln gleichmäßig über den Fenchel streuen und mit der fein gehackten Petersilie garnieren.

6. Nun ist dein Gegrillter Fenchel mit Mandelkruste bereit zum Genießen! Dieses Gericht ist ein wunderbar leichtes und leckeres Hauptgericht, das perfekt für warme Sommerabende ist.

Wirsing-Risotto

Zubereitungszeit: 10 Minuten + 30 Minuten Kochzeit
Portionen: 2

Zutaten:

- 1 kleiner Kopf Wirsing, geviertelt und in feine Streifen geschnitten
- 200 g Risottoreis
- 1 rote Zwiebel, fein gewürfelt
- 2 Knoblauchzehen, gehackt
- 750 ml Gemüsebrühe
- 2 EL natives Olivenöl extra
- 1 TL frischer Thymian, gehackt
- 1 TL frischer Rosmarin, gehackt
- Salz und Pfeffer zum Abschmecken
- 1 EL Bio-Zitronensaft
- 2 EL Mandelmus

Zubereitung:

1. Erhitze das Olivenöl in einem großen Topf und gib die Zwiebeln dazu. Lass sie etwa 5 Minuten bei mittlerer Hitze anbraten, bis sie glasig sind.

2. Füge den Knoblauch hinzu und brate ihn weitere 2 Minuten mit den Zwiebeln an.

3. Gib nun den Wirsing in den Topf und dünste ihn 5 Minuten mit an, bis er anfängt zu welken.

4. Jetzt ist es Zeit für den Risottoreis. Gib ihn in den Topf und rühre ihn gründlich um, so dass er komplett mit dem Öl benetzt ist. Lass den Reis etwa 2 Minuten anrösten.

5. Nun die Gemüsebrühe langsam dazu gießen und dabei ständig rühren, damit der Reis nicht anbrennt. Sobald die Brühe aufgesogen ist, gießt du die nächste Kelle dazu. Diesen Vorgang wiederholst du, bis der Reis gar ist. Das dauert etwa 20-25 Minuten.

6. Während der Reis kocht, gibst du Thymian und Rosmarin dazu und schmeckst das Ganze mit Salz und Pfeffer ab.

7. Zum Schluss rührst du das Mandelmus und den Zitronensaft unter und lässt das Risotto noch ein paar Minuten ziehen.

8. Nun ist dein Wirsing-Risotto fertig zum Servieren. Guten Appetit!

Gemüse-Tofu-Stir-Fry

Zubereitungszeit: 15 Minuten + 10 Minuten Kochzeit
Portionen: 2

Zutaten:

- 200 g Tofu, in Würfel geschnitten
- 1 mittelgroße rote Paprika, gewaschen und in dünne Streifen geschnitten
- 1 mittelgroße Zucchini, gewaschen und in Halbmonde geschnitten
- 1 Handvoll grüne Bohnen, Enden entfernt und halbiert
- 2 Frühlingszwiebeln, gewaschen und in Ringe geschnitten
- 2 Knoblauchzehen, fein gehackt
- 20 g frischer Ingwer, geschält und fein gehackt
- 3 EL natives Olivenöl extra
- 1 TL Meersalz
- 1/2 TL frisch gemahlener schwarzer Pfeffer
- 1 EL Sojasauce
- 1 EL Sesamöl
- 2 EL geröstete Sesamsamen

Zubereitung:

1. Erhitze 1 EL Olivenöl in einer großen Pfanne oder einem Wok auf mittlerer Stufe. Füge den Tofu hinzu und brate ihn, bis er auf allen Seiten goldbraun ist. Nehme ihn aus der Pfanne und stelle ihn beiseite.

2. Füge die restlichen 2 EL Olivenöl in die Pfanne hinzu. Gib den Knoblauch und den Ingwer hinzu und brate sie unter Rühren etwa eine Minute lang an, bis sie duftend sind.

3. Füge die Paprika, Zucchini und grünen Bohnen hinzu. Würze das Gemüse mit Salz und Pfeffer und brate es unter gelegentlichem Rühren an, bis es anfängt zu weich zu werden, etwa 5-7 Minuten.

4. Gib den gebratenen Tofu und die Frühlingszwiebeln in die Pfanne. Gieße die Sojasauce und das Sesamöl über das Gemüse und den Tofu und rühre gut um, um alles gleichmäßig zu verteilen und zu vermischen.

5. Lasse alles weitere 2-3 Minuten köcheln, damit die Aromen gut einziehen können.

6. Bestreue den Gemüse-Tofu-Stir-Fry vor dem Servieren mit den gerösteten Sesamsamen.

Aubergine-Brokkoli-Pasta

Zubereitungszeit: 15 Minuten + 20 Minuten Kochzeit
Portionen: 2

Zutaten:

- 1 mittelgroße Aubergine, gewaschen und in Würfel geschnitten
- 1 kleiner Brokkoli, in kleine Röschen zerteilt
- 200 g Vollkorn-Spaghetti
- 3 EL natives Olivenöl extra
- 2 Knoblauchzehen, fein gehackt
- 1 rote Chili, entkernt und fein gehackt (optional für diejenigen, die es scharf mögen)
- Saft und Abrieb von 1 Bio-Zitrone
- 2 EL gehackte frische Petersilie
- Salz und schwarzer Pfeffer nach Geschmack

Zubereitung:

1. Setze einen großen Topf mit gesalzenem Wasser auf und bringe es zum Kochen. Gib die Vollkorn-Spaghetti hinein und koche sie nach Packungsanleitung bis sie „al dente" sind.

2. Während die Pasta kocht, erhitze das Olivenöl in einer großen Pfanne. Füge die gewürfelte Aubergine hinzu und brate sie etwa 5 Minuten lang an, bis sie leicht gebräunt und weich ist.

3. Gib den gehackten Knoblauch und die Chili (wenn du sie verwendest) in die Pfanne und brate alles weitere 2 Minuten.

4. Füge nun die Brokkoli-Röschen hinzu und dünste alles gemeinsam für etwa 5-7 Minuten, bis der Brokkoli weich, aber noch knackig ist.

5. Wenn die Pasta fertig gekocht ist, behalte etwas vom Nudelwasser zurück und gieße den Rest ab. Füge die abgetropften Spaghetti zur Gemüsepfanne hinzu.

6. Gib den Zitronensaft und -abrieb, die gehackte Petersilie und nach Bedarf etwas vom Nudelwasser hinzu. Das Nudelwasser hilft, die Zutaten zu verbinden und eine leichte Sauce zu bilden. Würze alles mit Salz und Pfeffer.

7. Vermenge alles gut miteinander und lasse die Pasta noch ein paar Minuten in der Pfanne, damit sie die Aromen aufnehmen kann.

8. Verteile die Pasta auf zwei Teller und serviere sie heiß. Guten Appetit!

Beilagen

Avocado-Limetten-Quinoa

Zubereitungszeit: 10 Minuten + 20 Minuten Kochzeit
Portionen: 2

Zutaten:

- 125 g Quinoa, gut abgespült
- 500 ml Gemüsebrühe
- 2 mittelgroße Avocados, geschält und gewürfelt
- Saft und Zesten von 2 Bio-Limetten
- 1 kleine rote Zwiebel, fein gehackt
- 2 EL frische Petersilie, fein gehackt
- Salz und Pfeffer nach Geschmack
- 1 EL natives Olivenöl extra

Zubereitung:

1. Bring die Gemüsebrühe in einem mittelgroßen Topf zum Kochen. Gib den abgespülten Quinoa hinzu und reduziere die Hitze auf ein niedriges Köcheln. Lass den Quinoa 15-20 Minuten garen, bis er weich ist und die Flüssigkeit absorbiert hat.

2. Während der Quinoa kocht, kannst du die Avocado würfeln und die Limetten auspressen. Bewahre die Zesten für später auf. Hacke die rote Zwiebel und die Petersilie fein.

3. Wenn der Quinoa fertig ist, nimm den Topf vom Herd und lass ihn ein paar Minuten abkühlen. Gib dann das Olivenöl, den Limettensaft und die Zesten, die gewürfelte Avocado, die rote Zwiebel und die Petersilie dazu. Rühre alles gut um, bis die Zutaten gut vermischt sind.

4. Schmecke den Avocado-Limetten-Quinoa mit Salz und Pfeffer ab. Du kannst ihn warm servieren oder abkühlen lassen und als kalte Beilage genießen.

Süßkartoffel-Pommes

Zubereitungszeit: 15 Minuten + 25 Minuten Backzeit
Portionen: 2

Zutaten:

- 2 große Süßkartoffeln (ca. 600 g), gründlich gewaschen und ungeschält
- 2 EL natives Olivenöl extra
- 1 TL Paprikapulver, edelsüß
- 1/2 TL Meersalz
- 1/2 TL schwarzer Pfeffer
- 1 EL frischer Thymian, fein gehackt
- 1 EL frischer Rosmarin, fein gehackt

Zubereitung:

1. Heize deinen Backofen auf 200 Grad vor und lege ein Backblech mit Backpapier aus.

2. Schneide die Süßkartoffeln der Länge nach in gleichmäßige Streifen, etwa 1 cm dick. Behalte die Schale für zusätzliche Nährstoffe und einen schönen Crunch bei.

3. Gib die Süßkartoffelstreifen in eine große Schüssel und füge das Olivenöl, das Paprikapulver, das Meersalz und den schwarzen Pfeffer hinzu. Vermische alles gründlich, bis die Süßkartoffeln gut mit den Gewürzen und dem Öl bedeckt sind.

4. Verteile die gewürzten Süßkartoffelstreifen auf dem vorbereiteten Backblech, sodass sie nicht übereinander liegen. Das sorgt dafür, dass sie gleichmäßig garen und knusprig werden.

5. Backe die Süßkartoffel-Pommes für etwa 25 Minuten im vorgeheizten Ofen, bis sie außen knusprig und innen weich sind. Wende sie nach etwa der Hälfte der Backzeit, um sicherzustellen, dass sie auf beiden Seiten gleichmäßig gebacken werden.

6. Nimm das Backblech aus dem Ofen und bestreue die Süßkartoffel-Pommes sofort mit dem fein gehackten Thymian und Rosmarin. Vermische sie vorsichtig, sodass die Kräuter gleichmäßig verteilt sind.

Gerösteter Rosenkohl mit Mandeln

Zubereitungszeit: 15 Minuten + 25 Minuten Garzeit
Portionen: 2

Zutaten:

- 500 g Rosenkohl, Enden abgeschnitten und halbiert
- 1 EL natives Olivenöl extra
- Salz und Pfeffer nach Geschmack
- 1 TL Kreuzkümmel
- 50 g Mandeln, grob gehackt
- 2 EL Bio-Zitronensaft
- Abgeriebene Schale von 1 Bio-Bio-Zitrone
- Frische Petersilie, fein gehackt, zum Garnieren

Zubereitung:

1. Den Backofen auf 200 Grad vorheizen. Ein Backblech mit Backpapier auslegen.

2. Den Rosenkohl in eine große Schüssel geben und mit Olivenöl, Salz, Pfeffer und Kreuzkümmel mischen. Alles gut vermengen, damit der Rosenkohl gleichmäßig gewürzt ist.

3. Den gewürzten Rosenkohl auf das vorbereitete Backblech geben und gleichmäßig verteilen. Im vorgeheizten Backofen etwa 20 Minuten rösten, bis der Rosenkohl goldbraun und knusprig ist.

4. Während der Rosenkohl röstet, eine kleine Pfanne auf mittlerer Hitze erhitzen. Die gehackten Mandeln hinzufügen und unter ständigem Rühren anrösten, bis sie leicht gebräunt und duftend sind. Vorsicht, sie können schnell verbrennen!

5. Den gerösteten Rosenkohl aus dem Ofen nehmen und in eine Servierschüssel geben. Mit dem Zitronensaft und der Zitronenschale vermischen. Die gerösteten Mandeln darüber streuen.

6. Das Gericht mit der frisch gehackten Petersilie garnieren und sofort servieren. Genieße dieses farbenfrohe und köstliche Gericht!

Gebackene Zucchini-Sticks

Zubereitungszeit: 15 Minuten + 20 Minuten Backzeit
Portionen: 15 Sticks

Zutaten:

- 1 mittelgroße Zucchini, gewaschen und in Sticks geschnitten
- 50 g Mandelmehl
- 2 EL Leinsamen, gemahlen
- 1 TL Paprika, edelsüß
- 1/2 TL Salz
- 1/4 TL Pfeffer
- 60 ml Mandelmilch

Zubereitung:

1. Heize deinen Backofen auf 200 Grad vor und lege ein Backblech mit Backpapier aus.

2. In einer mittelgroßen Schüssel kombinierst du das Mandelmehl, die gemahlenen Leinsamen, Paprika, Salz und Pfeffer. Rühre alles gut durch, bis sich die Gewürze gleichmäßig verteilt haben.

3. Tauche nun jeden Zucchini-Stick einzeln in die Mandelmilch und wende ihn anschließend in der Mandelmehl-Mischung. Achte darauf, dass die Sticks rundum gut bedeckt sind.

4. Lege die panierten Zucchini-Sticks auf das vorbereitete Backblech. Stelle sicher, dass sie nicht übereinander liegen und genügend Platz haben.

5. Backe die Zucchini-Sticks im vorgeheizten Backofen für etwa 20 Minuten, oder bis sie goldbraun und knusprig sind. Drehe die Sticks nach 10 Minuten einmal um, damit sie gleichmäßig garen.

6. Lass die Zucchini-Sticks ein paar Minuten abkühlen, bevor du sie servierst. Sie schmecken pur schon wunderbar, aber du kannst sie auch mit einem Dip deiner Wahl genießen.

Sellerie-Kartoffelbrei

Zubereitungszeit: 10 Minuten + 20 Minuten Kochzeit
Portionen: 2

Zutaten:

- 300 g Kartoffeln, geschält und in Würfel geschnitten
- 200 g Knollensellerie, geschält und in Würfel geschnitten
- 1 EL natives Olivenöl extra
- 1 kleine Zwiebel, fein gehackt
- 2 Knoblauchzehen, fein gehackt
- 200 ml ungesüßte Mandelmilch
- 1 TL Meersalz
- 1/2 TL schwarzer Pfeffer, frisch gemahlen
- 2 EL frischer Petersilie, fein gehackt

Zubereitung:

1. Lege die Kartoffel- und Selleriewürfel in einen großen Topf, bedecke sie mit Wasser und bringe alles zum Kochen. Lass das Gemüse 15-20 Minuten köcheln, oder bis es weich ist.

2. Während das Gemüse kocht, erhitze das Olivenöl in einer kleinen Pfanne. Füge die Zwiebel hinzu und brate sie, bis sie weich und leicht goldbraun ist. Füge den Knoblauch hinzu und brate ihn noch eine Minute mit.

3. Gieße das Gemüse ab und behalte dabei etwas von dem Kochwasser zurück. Gib das Gemüse zurück in den Topf und füge die Zwiebel, den Knoblauch, die Mandelmilch, das Salz und den Pfeffer hinzu.

4. Zerdrücke das Gemüse mit einem Kartoffelstampfer oder einem Handmixer, bis es die gewünschte Konsistenz erreicht hat. Wenn der Brei zu dick ist, füge etwas von dem zurückbehaltenen Kochwasser hinzu.

5. Schmecke den Brei ab und füge bei Bedarf mehr Salz oder Pfeffer hinzu. Verteile den Brei auf zwei Teller und bestreue ihn mit der frisch gehackten Petersilie.

Karotten-Zucchini-Puffer

Zubereitungszeit: 15 Minuten + 20 Minuten Kochzeit
Portionen: 6 Puffer

Zutaten:

- 200 g Karotten, geschält und grob geraspelt
- 200 g Zucchini, gewaschen und grob geraspelt
- 50 g Buchweizenmehl
- 2 EL Chia-Samen
- 60 ml Wasser
- 2 EL natives Olivenöl extra
- 1/2 TL Salz
- 1/4 TL Pfeffer
- 1/2 TL Kreuzkümmel, gemahlen
- Frische Petersilie zum Garnieren, grob gehackt

Zubereitung:

1. Zuerst die Chia-Samen mit dem Wasser in einer kleinen Schüssel vermischen und für etwa 10 Minuten beiseite stellen, bis ein „Gel" entsteht.

2. Währenddessen die Karotten und die Zucchini grob raspeln und in eine große Schüssel geben. Dann das Buchweizenmehl, Salz, Pfeffer und Kreuzkümmel hinzufügen und gut vermischen.

3. Sobald das Chia-Gel bereit ist, füge es zu der Karotten-Zucchini-Mischung hinzu und rühre alles gut um, bis die Mischung gleichmäßig feucht ist.

4. Erhitze das Olivenöl in einer Pfanne bei mittlerer Hitze. Forme mit deinen Händen sechs Puffer aus der Gemüsemischung und lege sie in die heiße Pfanne.

5. Brate die Puffer auf jeder Seite für etwa 5 Minuten oder bis sie goldbraun und knusprig sind.

6. Die fertigen Puffer auf Küchenpapier abtropfen lassen und mit frisch gehackter Petersilie garnieren.

Rote-Bete-Kartoffel-Galettes

Zubereitungszeit: 15 Minuten + 20 Minuten Kochzeit
Portionen: 4 Galettes

Zutaten:

- 200 g Kartoffeln, geschält und grob gerieben
- 100 g Rote Bete, geschält und grob gerieben
- 2 Frühlingszwiebeln, fein gehackt
- 1 TL Salz
- 1/2 TL schwarzer Pfeffer, frisch gemahlen
- 2 EL natives Olivenöl extra
- 1 EL Buchweizenmehl
- 2 EL frisch gehackte Petersilie

Zubereitung:

1. Nimm zuerst die geriebenen Kartoffeln und die Rote Bete. Gib sie in ein sauberes Küchentuch und drücke so viel Flüssigkeit wie möglich heraus. Je trockener sie sind, desto knuspriger werden deine Galettes!

2. In einer großen Schüssel vermischst du nun die ausgedrückten Kartoffeln und die Rote Bete mit den fein gehackten Frühlingszwiebeln, Salz und Pfeffer. Gib das Buchweizenmehl hinzu, das hilft dabei, alles zusammenzuhalten.

3. Jetzt formst du vier gleichgroße Galettes aus der Mischung. Drücke sie gut zusammen, damit sie nicht auseinanderfallen.

4. Erhitze das Olivenöl in einer großen Pfanne bei mittlerer Hitze. Sobald es heiß ist, gibst du die Galettes hinein. Brate sie etwa 7-10 Minuten auf jeder Seite, bis sie schön goldbraun und knusprig sind.

5. Zum Schluss bestreust du die Galettes noch mit der frisch gehackten Petersilie und servierst sie am besten sofort. Sie schmecken sowohl heiß als auch kalt hervorragend!

Ofengeröstete Pastinaken

Zubereitungszeit: 10 Minuten + 25 Minuten Backzeit
Portionen: 2

Zutaten:

- 3 mittelgroße Pastinaken, geschält und längs halbiert
- 2 EL natives Olivenöl extra
- 1 TL grobes Meersalz
- 1/2 TL frisch gemahlener schwarzer Pfeffer
- 1/2 TL Kreuzkümmel
- 1 EL frisch gehackte Petersilie
- 1 EL Bio-Zitronensaft

Zubereitung:

1. Heize zuerst den Ofen auf 200 Grad vor. Währenddessen bereitest du ein Backblech mit Backpapier vor.

2. Nimm die Pastinaken, die du zuvor geschält und halbiert hast, und verteile sie gleichmäßig auf dem Backblech. Achte darauf, dass sie nicht übereinander liegen, damit sie gleichmäßig garen.

3. Träufle das Olivenöl über die Pastinaken. Streue dann das Meersalz, den frisch gemahlenen schwarzen Pfeffer und den Kreuzkümmel darüber. Massiere das Gewürz und das Öl sanft in die Pastinaken ein, bis sie vollständig bedeckt sind.

4. Röste die Pastinaken 25 Minuten lang im vorgeheizten Ofen oder bis sie goldbraun und knusprig sind. Wende sie zur Halbzeit einmal, um sicherzustellen, dass sie gleichmäßig rösten.

5. Nimm die Pastinaken aus dem Ofen und bestreue sie sofort mit der frisch gehackten Petersilie. Träufle den Zitronensaft darüber, um ihnen eine angenehme Säure zu verleihen.

Bunter Blumenkohlreis

Zubereitungszeit: 15 Minuten + 10 Minuten Ruhezeit
Portionen: 2

Zutaten:

- 1 mittelgroßer Blumenkohl, gewaschen und in Röschen geteilt
- 2 EL natives Olivenöl extra
- 1 rote Paprika, gewaschen und in kleine Würfel geschnitten
- 1 gelbe Paprika, gewaschen und in kleine Würfel geschnitten
- 1 kleine rote Zwiebel, geschält und fein gehackt
- 2 Knoblauchzehen, geschält und fein gehackt
- 1 TL frischer Ingwer, geschält und fein gehackt
- 2 EL frischer Bio-Zitronensaft
- Salz und Pfeffer nach Geschmack
- 1 EL frische Petersilie, gewaschen und fein gehackt

Zubereitung:

1. Zunächst den Blumenkohl in eine Küchenmaschine geben und pulsieren, bis er die Konsistenz von Reis hat. Achte darauf, dass du den Blumenkohl nicht zu fein mahlen lässt.

2. Nun erhitze das Olivenöl in einer großen Pfanne über mittlerer Hitze. Gib die Zwiebel, den Knoblauch und den Ingwer hinzu und dünste alles für etwa 2-3 Minuten, bis die Zwiebel weich und durchsichtig ist.

3. Dann füge die Paprika hinzu und brate sie weitere 2 Minuten, bis sie weich, aber immer noch knackig sind.

4. Jetzt den Blumenkohlreis hinzufügen und unter Rühren weitere 5 Minuten braten. Gib den Zitronensaft dazu, würze mit Salz und Pfeffer und rühre gut um.

5. Zum Schluss die Pfanne vom Herd nehmen, den Blumenkohlreis abdecken und 10 Minuten ruhen lassen, damit die Aromen sich verbinden können.

6. Vor dem Servieren mit der frischen Petersilie bestreuen.

Gedämpfter Spargel

Zubereitungszeit: 15 Minuten + 20 Minuten Kochzeit
Portionen: 2

Zutaten:

- 500 g weißer Spargel, gewaschen und unteres Drittel geschält
- 2 EL natives Olivenöl extra
- Salz und Pfeffer nach Geschmack
- 1 Bio-Zitrone, gewaschen und halbiert
- 1 Handvoll frische Petersilie, gewaschen und fein gehackt
- 2 EL Mandelblättchen, leicht geröstet
- 1 Knoblauchzehe, fein gehackt

Zubereitung:

1. Zuerst nimmst du den Spargel und schneidest die holzigen Enden ab. Leg den Spargel beiseite und bereite deinen Dämpfeinsatz vor.

2. Füge Wasser in einen Topf und stelle den Dämpfeinsatz ein. Das Wasser sollte den Einsatz nicht berühren. Bring das Wasser zum Kochen.

3. Während das Wasser kocht, kannst du die Mandelblättchen leicht rösten. Stelle sie danach beiseite.

4. Sobald das Wasser kocht, legst du den Spargel in den Dämpfeinsatz. Deck den Topf ab und lass den Spargel 15 bis 20 Minuten dämpfen, je nach Dicke der Stangen.

5. In der Zwischenzeit erhitze das Olivenöl in einer kleinen Pfanne. Gib den gehackten Knoblauch hinzu und lass ihn leicht bräunen.

6. Wenn der Spargel fertig ist, nimmst du ihn aus dem Dämpfeinsatz und legst ihn auf eine Servierplatte. Drücke etwas Zitronensaft über den Spargel, gib das Knoblauchöl darüber und würze mit Salz und Pfeffer.

7. Zum Schluss bestreust du den Spargel mit der gehackten Petersilie und den gerösteten Mandelblättchen.

Frühstück

Basischer Haferbrei mit Beeren

Zubereitungszeit: 10 Minuten + 20 Minuten Einweichzeit
Portionen: 2

Zutaten:
- 100 g Haferflocken, fein
- 350 ml Mandelmilch
- 1 EL Chiasamen
- Eine Prise Meersalz
- 2 EL Ahornsirup
- 200 g gemischte Beeren (Himbeeren, Heidelbeeren, Erdbeeren), gewaschen und halbiert
- 1 EL Mandelblättchen, geröstet

Zubereitung:
1. Beginne damit, die Haferflocken zusammen mit den Chiasamen und der Prise Meersalz in einer Schüssel zu vermengen. Gieße die Mandelmilch darüber und rühre alles gut um. Lass die Mischung für etwa 20 Minuten einweichen, bis die Haferflocken und Chiasamen aufgequollen sind.

2. Während die Haferflocken einweichen, kannst du die Beeren waschen und halbieren. Die größeren Beeren, wie Erdbeeren, kannst du eventuell auch in kleinere Stücke schneiden.

3. Sobald die Haferflocken-Mischung eingeweicht ist, gib sie in einen Topf und erhitze sie bei mittlerer Hitze. Rühre dabei stetig um und lass die Mischung nicht anbrennen. Sobald sie heiß ist, gib den Ahornsirup hinzu und verrühre alles gut.

4. Verteile den warmen Haferbrei auf zwei Schalen. Verteile die frischen Beeren und die gerösteten Mandelblättchen darüber.

Hirse-Porridge mit warmen Früchten

Zubereitungszeit: 10 Minuten + 20 Minuten Köcheln + 5 Minuten Ruhen
Portionen: 2

Zutaten:

- 120 g Hirse, gründlich unter fließendem Wasser abgespült
- 500 ml Mandelmilch, ungesüßt
- 1 EL Ahornsirup
- Eine Prise Salz
- 1 TL Vanilleextrakt, natürlich
- 200 g gemischte Beeren (Erdbeeren, Heidelbeeren, Himbeeren), gewaschen und geviertelt
- 2 EL gehackte Mandeln
- 1 EL Leinsamen, geschrotet

Zubereitung:

1. Die abgespülte Hirse zusammen mit der Mandelmilch in einen mittelgroßen Topf geben. Zum Kochen bringen und dann die Hitze reduzieren, damit es leicht köchelt.

2. Füge den Ahornsirup, eine Prise Salz und den Vanilleextrakt hinzu. Gut umrühren und etwa 20 Minuten köcheln lassen, bis die Hirse weich ist und die meiste Flüssigkeit aufgenommen hat.

3. Während die Hirse kocht, bereite die warmen Früchte vor. Gib die gemischten Beeren in eine Pfanne und erhitze sie bei mittlerer Hitze, bis sie weich sind und Saft abgeben. Das dauert etwa 5-10 Minuten.

4. Lass den Hirse-Porridge nach dem Köcheln noch etwa 5 Minuten abgedeckt ruhen, damit er noch etwas quellen kann.

5. Serviere den Hirse-Porridge heiß in Schüsseln, belege ihn mit den warmen Früchten und bestreue das Ganze mit den gehackten Mandeln und geschroteten Leinsamen.

Buchweizen-Pfannkuchen mit Apfelmus

Zubereitungszeit: 20 Minuten + 30 Minuten Ruhezeit
Portionen: 6 Pfannkuchen

Zutaten:

- 120 g Buchweizenmehl, frisch gesiebt
- 250 ml Mandelmilch, ungesüßt
- 1 EL Chiasamen (fein gemahlen)
- 1/2 TL Zimt, gemahlen
- 1 Prise Salz
- 2 EL Kokosöl
- 2 mittelgroße Äpfel, geschält, entkernt und in kleine Würfel geschnitten
- 1 TL Ahornsirup (optional)
- 1/2 TL Vanilleextrakt (optional)

Zubereitung:

1. In einer mittelgroßen Schüssel das Buchweizenmehl, die gemahlenen Chiasamen, den Zimt und eine Prise Salz gut vermischen.

2. Langsam die Mandelmilch hinzugießen, während du weiter rührst, um Klumpen zu vermeiden. Die Mischung sollte glatt und dickflüssig sein.

3. Die Schüssel abdecken und den Teig 30 Minuten ruhen lassen. Dies gibt den Chiasamen Zeit zum Quellen und hilft, die Pfannkuchen schön fluffig zu machen.

4. Während der Teig ruht, kannst du das Apfelmus zubereiten. Die gewürfelten Äpfel in einen kleinen Topf geben, Ahornsirup und Vanilleextrakt hinzufügen und bei mittlerer Hitze 15-20 Minuten köcheln lassen, bis die Äpfel weich sind.

5. Mit einer Gabel die Äpfel zerdrücken, bis sie die Konsistenz von Mus haben. Je nach Geschmack kannst du sie auch feiner pürieren.

6. Eine Pfanne auf mittlere Hitze vorheizen und das Kokosöl hinzufügen. Sobald das Öl heiß ist, jeweils eine Kelle Teig in die Pfanne geben und gleichmäßig verteilen.

7. Die Pfannkuchen von jeder Seite 2-3 Minuten backen, bis sie goldbraun sind.

8. Die fertigen Pfannkuchen auf einen Teller geben und mit dem warmen Apfelmus servieren.

Grüner Smoothie-Bowl

Zubereitungszeit: 10 Minuten + 5 Minuten Ruhezeit
Portionen: 1 große Schale oder 2 kleinere Schalen

Zutaten:

- 1 mittelgroße reife Avocado, halbiert und entkernt
- 2 große Handvoll frischer Spinat, gewaschen
- 1 reife Banane, geschält und in Scheiben geschnitten
- 100 ml Kokoswasser, gekühlt
- 1 EL Chiasamen
- 1 EL Hanfsamen
- 1 EL Kürbiskerne
- Frische Früchte nach Wahl für die Garnierung, gewaschen und geschnitten

Zubereitung:

1. Beginne mit der Avocado. Mit einem Löffel hebst du das Fruchtfleisch aus der Schale und gibst es in den Mixer.

2. Nun nimmst du den gewaschenen Spinat und fügst ihn zusammen mit der geschnittenen Banane in den Mixer hinzu.

3. Gieße das gekühlte Kokoswasser hinein. An dieser Stelle empfehle ich, den Mixer kurz zu starten, um schon mal eine grundlegende Cremigkeit zu erzeugen.

4. Anschließend streust du die Chiasamen in die Mischung. Lass den Mixer erneut laufen, bis die Masse eine gleichmäßige Konsistenz erreicht.

5. Nun ist es an der Zeit, die Smoothie-Bowl zu servieren. Gieße die Masse in eine Schale deiner Wahl.

6. Für den abschließenden Touch verteilst du die Hanfsamen und Kürbiskerne oben auf der Smoothie-Bowl. Füge noch die frischen Früchte deiner Wahl hinzu, um Farbe und zusätzliche Aromen einzubringen.

7. Lass die Smoothie-Bowl vor dem Genuss etwa 5 Minuten ruhen, damit die Chiasamen aufquellen können.

Quinoa-Bananen-Pancakes

Zubereitungszeit: 15 Minuten + 20 Minuten Ruhezeit
Portionen: 6 Pancakes

Zutaten:

- 80 g Quinoa, abgespült und ab-getropft
- 1 reife Banane, geschält und in Scheiben geschnitten
- 60 ml Mandelmilch, ungezu-ckert
- 1 EL Chiasamen
- 2 TL Backpulver
- 1 Prise Salz
- 1 EL Ahornsirup
- 1 TL Kokosöl, zum Braten
- Frische Beeren und Ahornsirup, zum Servieren (optional)

Zubereitung:

1. Gib den Quinoa mit 200 ml Wasser in einen kleinen Topf. Bring das Wasser zum Kochen, reduziere dann die Hitze und lass den Quinoa 15 Minuten kö-cheln, bis er weich ist. Nimm den Topf vom Herd und lass den Quinoa abküh-len.

2. Während der Quinoa abkühlt, zerdrücke die Banane mit einer Gabel in einer Schüssel. Gib die Mandelmilch, Chiasamen, Backpulver, Salz und Ahornsirup dazu und verrühre alles gut.

3. Füge den abgekühlten Quinoa zur Bananenmischung hinzu und mische alles gründlich. Lass den Teig 20 Minuten ruhen, damit die Chiasamen aufquellen können.

4. Erhitze das Kokosöl in einer Pfanne bei mittlerer Hitze. Gib mit einer Kelle Portionsweise Teig in die Pfanne und brate die Pancakes von jeder Seite etwa 2-3 Minuten, bis sie goldbraun sind.

5. Serviere die Quinoa-Bananen-Pancakes mit frischen Beeren und einem Schuss Ahornsirup, wenn du magst. Guten Appetit!

Chiapudding mit Mango und Kokos

Zubereitungszeit: 10 Minuten + 4 Stunden Ruhezeit
Portionen: 2

Zutaten:

- 3 EL Chiasamen, gut abgespült
- 200 ml Kokosmilch, gut geschüttelt
- 1 reife Mango, gewürfelt
- 2 EL Kokosraspeln, leicht geröstet
- 1 EL Agavendicksaft oder Honig (optional)
- 1 Prise Salz
- 1 TL Vanilleextrakt

Zubereitung:

1. Nimm eine Schüssel und gib die abgespülten Chiasamen hinein. Füge die Kokosmilch hinzu und rühre gut um, bis alles gut vermischt ist. Decke die Schüssel ab und stelle sie für mindestens 4 Stunden in den Kühlschrank. Am besten lässt du die Mischung über Nacht stehen, damit sie richtig aufquellen kann.

2. Während die Chiasamen im Kühlschrank ruhen, kannst du die Mango würfeln. Stelle die gewürfelte Mango beiseite.

3. In einer kleinen Pfanne ohne Fett röstest du die Kokosraspeln, bis sie eine schöne goldbraune Farbe bekommen. Achte darauf, dass sie nicht anbrennen. Stelle die gerösteten Kokosraspeln beiseite.

4. Nach der Ruhezeit holst du die Chia-Kokosmilch-Mischung aus dem Kühlschrank. Gib Salz und Vanilleextrakt hinzu und verrühre alles gut. Wenn du magst, kannst du jetzt auch den Agavendicksaft oder Honig hinzufügen, um den Pudding etwas zu süßen.

5. Jetzt ist es Zeit, den Chiapudding zu servieren. Gib eine Schicht Chia-Kokosmilch-Pudding in ein Glas oder eine Schüssel, dann eine Schicht gewürfelte Mango und wieder eine Schicht Pudding. Wiederhole dies, bis alle Zutaten aufgebraucht sind. Zum Schluss streust du die gerösteten Kokosraspeln über den Pudding.

Avocado-Karotten-Aufstrich

Zubereitungszeit: 15 Minuten + 30 Minuten Ruhezeit
Portionen: Ergibt etwa 250 g Aufstrich

Zutaten:

- 2 mittelgroße Karotten, geschält und grob geraspelt (etwa 200 g)
- 1 reife Avocado, entkernt und das Fruchtfleisch herausgelöst
- 2 EL natives Olivenöl extra
- Saft einer halben Bio-Zitrone (etwa 20 ml)
- 1 Knoblauchzehe, fein gehackt
- 2 EL frische Petersilie, fein gehackt
- 1 TL gemahlener Kreuzkümmel
- Salz und Pfeffer nach Geschmack

Zubereitung:

1. Zunächst die geraspelten Karotten in einer mittelgroßen Schüssel mit dem Olivenöl vermischen.

2. Dann die Avocado hinzufügen und mit einer Gabel zerdrücken, bis sie gut mit den Karotten vermischt ist. Du solltest eine relativ glatte Masse erhalten, aber ein paar Stückchen sind völlig in Ordnung - sie geben dem Aufstrich eine schöne Textur.

3. Nun den Zitronensaft, den gehackten Knoblauch und die Petersilie hinzufügen. Alles gut vermischen.

4. Mit Kreuzkümmel, Salz und Pfeffer abschmecken und erneut gut durchmischen.

5. Lass den Aufstrich nun mindestens 30 Minuten im Kühlschrank durchziehen, damit sich die Aromen richtig entfalten können.

6. Serviere den Avocado-Karotten-Aufstrich auf frischem Brot oder als Dip für Gemüsesticks. Guten Appetit!

Gemüseomelett mit Kräutern

Zubereitungszeit: 15 Minuten + 10 Minuten Ruhezeit
Portionen: 2

Zutaten:

- 4 Bio-Eier, schälen und verquirlen
- 100 ml Mandelmilch, ungesüßt
- 1 EL Kokosöl
- 200 g Zucchini, gewaschen und in kleine Würfel geschnitten
- 150 g Cherrytomaten, gewaschen und halbiert
- 1 rote Zwiebel, geschält und in dünne Scheiben geschnitten
- 1 Knoblauchzehe, geschält und fein gehackt
- 1 EL frische Petersilie, gewaschen und gehackt
- 1 EL frischer Basilikum, gewaschen und gehackt
- Salz und Pfeffer nach Geschmack

Zubereitung:

1. Schlage die Eier in eine Schüssel, füge die Mandelmilch hinzu und verquirlen sie gut. Lass die Mischung für etwa 10 Minuten ruhen.

2. In der Zwischenzeit erhitze das Kokosöl in einer großen Pfanne über mittlerer Hitze. Füge die Zwiebeln und den Knoblauch hinzu und brate sie, bis sie weich sind und anfangen zu duften.

3. Gib nun die Zucchiniwürfel in die Pfanne und brate sie für etwa 5 Minuten mit, bis sie beginnen, Farbe zu bekommen. Füge die Cherrytomaten hinzu und koche sie für weitere 2-3 Minuten.

4. Gieße die Eier-Mandelmilch-Mischung über das Gemüse in der Pfanne. Streue die gehackten Kräuter darüber und würze mit Salz und Pfeffer.

5. Decke die Pfanne ab und lasse das Omelett für etwa 5-7 Minuten garen, bis die Eier gestockt sind und das Omelett durch ist. Überprüfe mit einem Spatel, ob das Omelett fertig ist.

6. Wenn das Omelett fertig ist, nimm die Pfanne vom Herd und lass es kurz abkühlen, bevor du es in Stücke schneidest und servierst.

Overnight-Oats mit Beeren

Zubereitungszeit: 10 Minuten + 8 Stunden Kühlzeit
Portionen: 2 Gläser

Zutaten:

- 100 g Haferflocken, fein
- 240 ml Mandelmilch, ungezuckert
- 1 EL Chiasamen
- 1 TL Ahornsirup
- 1 TL Vanilleextrakt
- 1 Prise Salz
- 100 g gemischte Beeren, gewaschen und geviertelt (Erdbeeren, Himbeeren, Blaubeeren)
- 2 EL Mandeln, gehackt und geröstet

Zubereitung:

1. Nimm eine mittelgroße Schüssel und mische die Haferflocken, Chiasamen und Salz darin.

2. Füge die Mandelmilch, den Ahornsirup und das Vanilleextrakt hinzu und rühre alles gut um, bis alle Zutaten gut miteinander vermischt sind.

3. Teile die Haferflockenmischung auf zwei Einmachgläser oder ähnliche Behälter auf.

4. Verteile die Beeren gleichmäßig auf den beiden Gläsern. Drücke sie leicht in die Haferflockenmischung hinein.

5. Verschließe die Gläser fest und stelle sie über Nacht in den Kühlschrank. Sie sollten mindestens 8 Stunden, aber nicht länger als 24 Stunden im Kühlschrank bleiben.

6. Vor dem Servieren streue die gerösteten Mandeln über die Overnight-Oats. Du kannst noch ein paar frische Beeren hinzufügen, wenn du magst.

Spinat-Kichererbsen-Frühstücks-Muffins

Zubereitungszeit: 15 Minuten + 25 Minuten Backzeit
Portionen: Ergibt 6 Muffins

Zutaten:

- 100 g frischer Spinat, gewaschen und grob gehackt
- 200 g Kichererbsen, abgespült und abgetropft
- 100 g Vollkornmehl
- 2 EL natives Olivenöl extra
- 1 TL Backpulver
- 1/2 TL Meersalz
- 100 ml Mandelmilch
- 2 EL Chiasamen, in 6 EL Wasser eingeweicht bis eine gelartige Konsistenz entsteht (als Ei-Ersatz)
- 1 EL Bio-Zitronensaft
- 1 TL frischer Ingwer, gerieben
- 1 TL Kurkuma

Zubereitung:

1. Heize den Ofen auf 180 Grad vor und bereite ein Muffinblech mit 6 Mulden vor. Du kannst sie leicht einfetten oder mit Muffinförmchen ausstatten.

2. In einer großen Schüssel vermischst du das Vollkornmehl, Backpulver und Meersalz. Rühre Kurkuma und Ingwer unter.

3. Gib die Kichererbsen in einen Mixer oder eine Küchenmaschine und püriere sie bis sie cremig sind. Füge den Spinat, Olivenöl, Mandelmilch, eingeweichte Chiasamen und Zitronensaft hinzu. Püriere alles noch einmal, bis es gut vermischt ist.

4. Gieße die Spinat-Kichererbsen-Mischung in die Schüssel mit den trockenen Zutaten und rühre alles gut um, bis keine Mehlklumpen mehr zu sehen sind.

5. Teile den Teig gleichmäßig auf die 6 Muffinmulden auf und backe sie 25 Minuten lang, oder bis ein Zahnstocher, der in die Mitte eingeführt wird, sauber herauskommt.

6. Lasse die Muffins ein paar Minuten im Blech abkühlen, bevor du sie herausnimmst. Sie können warm oder bei Raumtemperatur serviert werden.

Snacks

Selleriestangen mit Hummus

Zubereitungszeit: 15 Minuten + 1 Stunde Ruhezeit
Portionen: ca. 10 Selleriestangen

Zutaten:

- 5 Selleriestangen, gewaschen und in 20 cm lange Stücke geschnitten
- 200 g Kichererbsen, aus der Dose und abgespült
- 2 EL natives Olivenöl extra
- 1 kleine Knoblauchzehe, geschält und fein gehackt
- Saft von 1/2 Bio-Zitrone
- 1/4 TL Kreuzkümmel, gemahlen
- Salz und Pfeffer nach Geschmack
- 1/2 Bund frische Petersilie, gewaschen und grob gehackt

Zubereitung:

1. Beginne mit der Zubereitung des Hummus. Gib die abgespülten Kichererbsen in einen Mixer oder eine Küchenmaschine. Füge das Olivenöl, den gehackten Knoblauch, den Zitronensaft und den Kreuzkümmel hinzu.

2. Verarbeite die Zutaten zu einer cremigen Paste. Du kannst ein wenig Wasser hinzufügen, wenn die Konsistenz zu fest ist. Schmecke die Mischung mit Salz und Pfeffer ab.

3. Lasse den Hummus für etwa eine Stunde im Kühlschrank ruhen. Dies ermöglicht den Aromen, sich zu entfalten und zu vermischen.

4. Während der Hummus ruht, bereite die Selleriestangen vor. Wasche sie gründlich und schneide sie in etwa 20 cm lange Stücke.

5. Nimm den Hummus aus dem Kühlschrank und rühre ihn noch einmal gut durch. Verteile den Hummus gleichmäßig auf den vorbereiteten Selleriestangen.

6. Bestreue die Hummus-bedeckten Selleriestangen mit der grob gehackten Petersilie und serviere sie sofort.

Grünkohlchips mit Cashew-Dip

Zubereitungszeit: 15 Minuten + 30 Minuten Backzeit + 1 Stunde Einweichzeit
Portionen: Etwa 100 g Chips

Zutaten:

- Für die Grünkohlchips:
- 200 g Grünkohl, gewaschen, trocken getupft und in mundgerechte Stücke gerissen
- 1 EL natives Olivenöl extra
- 1/2 TL Meersalz
- Für den Cashew-Dip:

- 100 g Cashewnüsse, mindestens 1 Stunde in warmem Wasser eingeweicht und abgetropft
- 1 kleine Knoblauchzehe, geschält und grob gehackt
- Saft von 1/2 Bio-Zitrone
- 2 EL natives Olivenöl extra
- 1/4 TL Meersalz
- 60 ml Wasser

Zubereitung:

1. Beginne mit dem Grünkohl. Heize deinen Ofen auf 150 Grad vor. Lege ein Backblech mit Backpapier aus.

2. Gib den Grünkohl in eine große Schüssel, träufle das Olivenöl darüber und streue das Salz darüber. Massiere alles gut in die Blätter ein, bis sie leicht glänzen und das Salz gut verteilt ist.

3. Verteile die Grünkohlstücke gleichmäßig auf dem vorbereiteten Backblech. Stelle sicher, dass sie nicht übereinander liegen, damit sie gleichmäßig knusprig werden.

4. Backe die Grünkohlstücke 30 Minuten im Ofen, oder bis sie knusprig sind. Wende sie nach 15 Minuten einmal, damit sie gleichmäßig garen.

5. Während der Grünkohl backt, bereite den Cashew-Dip vor. Gib die eingeweichten Cashewnüsse, den Knoblauch, den Zitronensaft, das Olivenöl, das Salz und das Wasser in einen Hochleistungsmixer oder eine Küchenmaschine.

6. Püriere alles, bis eine glatte und cremige Konsistenz entsteht. Schmecke ab und füge bei Bedarf mehr Salz oder Zitronensaft hinzu.

7. Wenn die Grünkohlchips fertig sind, nimm sie aus dem Ofen und lass sie ein paar Minuten abkühlen, bevor du sie servierst. Zusammen mit dem Cashew-Dip sind sie ein perfekter Snack für Zwischendurch oder eine gesunde Beilage zu deinem Hauptgericht.

Gemüsesticks mit Zitronen-Tahin-Dip

Zubereitungszeit: 15 Minuten + 10 Minuten Ruhezeit
Portionen: 2

Zutaten:

- 2 mittelgroße Karotten, geschält und in lange Streifen geschnitten
- 1 rote Paprika, entkernt und in Streifen geschnitten
- 1 gelbe Paprika, entkernt und in Streifen geschnitten
- 1 Gurke, gewaschen und in lange Streifen geschnitten
- 1 EL natives Olivenöl extra
- Salz nach Geschmack
- 100 g Tahin (Sesampaste)
- Saft und Schale von 1 Bio-Zitrone
- 1 kleine Knoblauchzehe, fein gehackt
- 1 TL Kreuzkümmel, gemahlen
- 100 ml Wasser
- Frische Petersilie zum Garnieren

Zubereitung:

1. Nimm dir eine schöne Platte und arrangiere darauf die vorbereiteten Gemüsesticks. Träufle das Olivenöl darüber und würze mit einer Prise Salz.

2. Nun widmen wir uns dem Dip: In einer mittelgroßen Schüssel mischst du das Tahin, den Zitronensaft, die Zitronenschale, den fein gehackten Knoblauch und den Kreuzkümmel.

3. Das Wasser fügst du nach und nach dazu, während du kräftig rührst. Du wirst sehen, die Mischung wird zuerst etwas zäh, aber keine Sorge, das ist normal. Sobald du das gesamte Wasser eingearbeitet hast, erhältst du eine schöne, cremige Konsistenz.

4. Lass den Dip nun etwa 10 Minuten ruhen, damit sich die Aromen schön verbinden können. Du kannst ihn in der Zwischenzeit auch in den Kühlschrank stellen.

5. Nach der Ruhezeit rührst du den Dip noch einmal durch und schmeckst ihn ab. Falls nötig, füge noch etwas Salz oder Zitronensaft hinzu.

6. Serviere die Gemüsesticks mit dem Zitronen-Tahin-Dip. Ein kleiner Tipp: Mit einem Spritzer Olivenöl und ein paar Blättchen frischer Petersilie sieht der Dip gleich noch verführerischer aus.

Apfelringe mit Mandelbutter

Zubereitungszeit: 15 Minuten + 10 Minuten Ruhezeit
Portionen: etwa 16 Apfelringe

Zutaten:

- 2 mittelgroße Äpfel, gewaschen und entkernt
- 2 EL Bio-Zitronensaft
- 200 g Mandelbutter, cremig
- 1 TL Zimt, gemahlen
- 4 EL Ahornsirup
- 1 Prise Meersalz
- 50 g Mandelsplitter, geröstet
- Frische Minze, gewaschen und klein gehackt (für die Dekoration)

Zubereitung:

1. Schneide die Äpfel in etwa 0,5 cm dicke Ringe. Tränke die Apfelringe sofort mit Zitronensaft, um ein Braunwerden zu verhindern.

2. In einer kleinen Schüssel mische die Mandelbutter mit Zimt, Ahornsirup und einer Prise Meersalz. Lasse die Mischung 10 Minuten ruhen, damit die Aromen sich gut verbinden können.

3. Nach der Ruhezeit verteile die Mandelbutter-Zimt-Mischung gleichmäßig auf beiden Seiten der Apfelringe.

4. Streue die gerösteten Mandelsplitter über die Apfelringe.

5. Zum Schluss garniere die Apfelringe mit der frisch gehackten Minze.

Geröstete Mandeln mit Rosmarin

Zubereitungszeit: 10 Minuten + 20 Minuten Backzeit
Portionen: ca. 200 g geröstete Mandeln

Zutaten:

- 200 g Mandeln, roh und ohne Schale
- 2 EL natives Olivenöl extra
- 1 EL frischer Rosmarin, fein gehackt
- 1 TL Meersalz, grobkörnig
- 1/2 TL schwarzer Pfeffer, frisch gemahlen
- Schale von 1/2 Bio-Zitrone, fein abgerieben

Zubereitung:

1. Heize den Ofen zu Beginn auf 180 Grad Ober-/Unterhitze vor. Währenddessen kannst du ein Backblech mit Backpapier auslegen.

2. Nimm die rohen Mandeln und verteile sie auf dem vorbereiteten Backblech. Stelle sicher, dass sie in einer einzigen Schicht liegen, um gleichmäßiges Rösten zu gewährleisten.

3. In einer kleinen Schüssel vermischt du das Olivenöl mit dem fein gehackten Rosmarin. Gib das grobe Meersalz, den frisch gemahlenen schwarzen Pfeffer und die abgeriebene Zitronenschale hinzu und rühre alles gut durch.

4. Träufle die Olivenöl-Mischung über die Mandeln auf dem Backblech und rühre sie gut durch, um sicherzustellen, dass jede Mandel gut bedeckt ist.

5. Röste die Mandeln im vorgeheizten Ofen für etwa 20 Minuten oder bis sie goldbraun und duftend sind. Es ist wichtig, dass du sie alle 5 Minuten umrührst, um ein Anbrennen zu vermeiden.

6. Nach dem Rösten nimmst du die Mandeln aus dem Ofen und lässt sie auf dem Backblech abkühlen. Sie werden noch knuspriger, während sie abkühlen.

7. Sobald sie abgekühlt sind, kannst du sie in eine luftdichte Behälter geben und bei Raumtemperatur aufbewahren.

Wassermelonen-Pizza

Zubereitungszeit: 15 Minuten + 10 Minuten Kühlzeit
Portionen: 1 Wassermelonen-Pizza

Zutaten:

- 1/4 Wassermelone, in ca. 2 cm dicke Scheiben geschnitten
- 100 g frischer Basilikum, gewaschen und grob gehackt
- 100 g Erdbeeren, gewaschen und in dünne Scheiben geschnitten
- 2 EL Bio-Zitronensaft
- 1 EL natives Olivenöl extra
- 1 TL schwarzer Sesam
- 1 Prise Salz
- 1 Prise Pfeffer
- 50 g Mandeln, geschält und in dünne Scheiben geschnitten
- 50 g Kiwi, geschält und in dünne Scheiben geschnitten

Zubereitung:

1. Schneide eine Wassermelone in etwa 2 cm dicke Scheiben. Diese Scheiben werden die „Pizza-Basis" sein.

2. Mische in einer kleinen Schüssel den Zitronensaft und das Olivenöl. Schmecke mit einer Prise Salz und Pfeffer ab.

3. Beträufle die Wassermelonen-Scheiben mit der Zitronen-Olivenöl-Mischung. Lass sie kurz einziehen.

4. Verteile nun die Erdbeer- und Kiwi-Scheiben gleichmäßig auf der Wassermelonen-Pizza.

5. Streue den grob gehackten Basilikum und die Mandelscheiben über die Früchte.

6. Gib zum Schluss den schwarzen Sesam darüber.

7. Stelle die Wassermelonen-Pizza für etwa 10 Minuten in den Kühlschrank, damit alle Aromen gut durchziehen können.

8. Serviere die Wassermelonen-Pizza gekühlt.

Edamame mit Meersalz

Zubereitungszeit: 10 Minuten + 5 Minuten Ruhezeit
Portionen: 2

Zutaten:

- 200 g Edamame, frisch oder gefroren, bereits aus der Schote gelöst
- 1 TL Meersalz, grobkörnig
- 1 EL natives Olivenöl extra
- 1 Knoblauchzehe, fein gehackt
- 1 kleines Stück Ingwer, fein gerieben, etwa 1 TL
- 1 rote Chili, entkernt und fein gehackt (optional)
- Saft einer halben Bio-Zitrone
- Einige frische Korianderblätter zum Garnieren (optional)

Zubereitung:

1. Nimm eine mittelgroße Pfanne und erhitze das Olivenöl darin bei mittlerer Hitze.

2. Sobald das Öl heiß ist, füge den fein gehackten Knoblauch, den geriebenen Ingwer und die fein gehackte Chili hinzu. Lass das Ganze etwa eine Minute braten, bis die Aromen freigesetzt sind, aber pass auf, dass der Knoblauch nicht anbrennt.

3. Jetzt kommen die Edamame dazu. Rühre alles gut um, damit die Bohnen mit den Aromen der Pfanne bedeckt sind. Lass sie etwa 5 Minuten braten, bis sie heiß sind und eine leicht knusprige Oberfläche haben.

4. Vom Herd nehmen und das grobe Meersalz sowie den frischen Zitronensaft darüber streuen. Alles gut vermischen.

5. Lass die Edamame etwa 5 Minuten ruhen, damit die Aromen sich gut verbinden können.

6. Serviere die Edamame in einer Schüssel und garniere sie nach Belieben mit frischen Korianderblättern.

Gemüse-Sushi-Rollen

Zubereitungszeit: 25 Minuten + 15 Minuten Ruhezeit
Portionen: Ergibt etwa 6 Sushi-Rollen

Zutaten:

- 200 g Sushi-Reis, gründlich gewaschen und abgetropft
- 400 ml Wasser
- 1 EL Reisessig
- 1/2 TL Meersalz
- 1 TL Rohrohrzucker
- 6 Noriblätter
- 1 kleiner Rettich, in feine Streifen geschnitten
- 1 kleiner Gurke, in feine Streifen geschnitten
- 1 reife Avocado, in Streifen geschnitten
- 1 rote Paprika, in feine Streifen geschnitten
- 2 Frühlingszwiebeln, in feine Ringe geschnitten
- 2 EL schwarze Sesamsamen

Zubereitung:

1. Stelle zuerst den Sushi-Reis her. Gib den Reis und das Wasser in einen Topf und bringe es zum Kochen. Reduziere dann die Hitze und lass es 15 Minuten köcheln, bis der Reis das Wasser absorbiert hat und weich ist. Nehme den Topf vom Herd und lass den Reis 10 Minuten ruhen, ohne den Deckel abzunehmen.

2. Während der Reis ruht, vermische den Reisessig, das Salz und den Rohrohrzucker in einer kleinen Schüssel und rühre, bis sich Salz und Zucker aufgelöst haben. Gib diese Mischung in den noch warmen Reis und rühre vorsichtig um, damit der Reis glänzend und geschmackvoll wird.

3. Nun geht es ans Rollen. Lege ein Noriblatt auf eine Bambusmatte und verteile eine dünne Schicht Reis gleichmäßig darauf, lasse dabei an einer Seite einen 2 cm breiten Rand frei.

4. Platziere eine Reihe von Rettich-, Gurken-, Avocado- und Paprikastreifen sowie einige Frühlingszwiebelringe in der Mitte des Reises. Streue ein paar Sesamsamen darüber.

5. Rolle das Noriblatt fest auf, beginnend an der Seite, die mit dem Reis bedeckt ist, und drücke es beim Rollen sanft zusammen, um sicherzustellen, dass die Rolle fest ist.

6. Wiederhole diesen Vorgang mit den restlichen Noriblättern und dem Gemüse. Schneide die Rollen mit einem scharfen Messer in mundgerechte Stücke.

7. Serviere die Gemüse-Sushi-Rollen sofort oder bewahre sie bis zum Verzehr im Kühlschrank auf.

Knusprige Kürbiskerne

Zubereitungszeit: 10 Minuten + 15 Minuten Backzeit
Portionen: 2

Zutaten:

- 100 g rohe Kürbiskerne, abgespült und trocken getupft
- 1 EL natives Olivenöl extra
- 1 TL Meersalz, fein
- 1/2 TL frisch gemahlener schwarzer Pfeffer
- 1 TL frischer Rosmarin, fein gehackt
- 1/2 TL frischer Thymian, fein gehackt

Zubereitung:

1. Heize deinen Backofen auf 180 °C vor und lege ein Backblech mit Backpapier aus.

2. In einer mittelgroßen Schüssel kombinierst du die Kürbiskerne mit Olivenöl, Meersalz, schwarzem Pfeffer, Rosmarin und Thymian. Vermische alles gründlich, bis die Kürbiskerne gleichmäßig gewürzt sind.

3. Verteile die gewürzten Kürbiskerne in einer einzigen Schicht auf dem vorbereiteten Backblech. Stelle sicher, dass sie nicht übereinander liegen, damit sie gleichmäßig rösten können.

4. Backe die Kürbiskerne im vorgeheizten Ofen für etwa 15 Minuten, oder bis sie goldbraun und knusprig sind. Achte darauf, sie etwa alle 5 Minuten zu rühren, damit sie gleichmäßig rösten und nicht anbrennen.

5. Nimm die Kürbiskerne aus dem Ofen und lass sie komplett abkühlen. Sie werden beim Abkühlen noch knuspriger.

6. Genieße die knusprigen Kürbiskerne als Snack oder als knuspriges Topping für Salate oder Suppen. Bewahre übrig gebliebene Kürbiskerne in einem luftdichten Behälter auf.

Zucchini-Röllchen

Zubereitungszeit: 15 Minuten + 10 Minuten Backzeit
Portionen: 8 Röllchen

Zutaten:

- 1 große Zucchini, längs in dünne Scheiben geschnitten
- 100 g Frischkäse, basisch
- 2 EL fein gehackte frische Kräuter (Basilikum, Petersilie, Dill), + etwas mehr zum Garnieren
- 1 kleine rote Paprika, entkernt und fein gewürfelt
- 1 EL natives Olivenöl extra, zum Bestreichen
- Salz und Pfeffer nach Geschmack

Zubereitung:

1. Heize den Ofen auf 200 Grad vor und lege ein Backblech mit Backpapier aus.

2. Bestreiche jede Zucchinischeibe auf einer Seite leicht mit Olivenöl und würze sie mit Salz und Pfeffer.

3. Mische den Frischkäse mit den fein gehackten Kräutern und würze diese Mischung ebenfalls mit Salz und Pfeffer. Füge dann die fein gewürfelte Paprika hinzu und vermische alles gut.

4. Trage nun auf der unbestrichenen Seite jeder Zucchinischeibe einen Klecks der Frischkäse-Kräuter-Mischung auf.

5. Rolle die Zucchinischeiben vorsichtig auf, sodass die Füllung innen ist, und lege sie auf das vorbereitete Backblech.

6. Backe die Röllchen für 10 Minuten oder bis sie leicht goldbraun und knusprig sind.

7. Lasse sie etwas abkühlen, bevor du sie mit den zusätzlichen frischen Kräutern garnierst.

Desserts

Avocado-Schokoladen-Mousse

Zubereitungszeit: 10 Minuten + 30 Minuten Kühlzeit
Portionen: 2

Zutaten:

- 2 reife Avocados, halbiert, entkernt und das Fruchtfleisch herausgelöffelt
- 80 g dunkle Schokolade (mindestens 70% Kakao), geschmolzen
- 2 EL Ahornsirup
- 60 ml Mandelmilch
- 1 TL reines Vanilleextrakt
- Eine Prise Meersalz
- Frische Minzblätter zum Garnieren

Zubereitung:

1. Nimm zuerst die dunkle Schokolade und schmelze sie vorsichtig im Wasserbad. Achte darauf, dass sie nicht zu heiß wird, sie soll nur sanft schmelzen.

2. Während die Schokolade schmilzt, kannst du das Fruchtfleisch der Avocado in einen Mixer geben. Füge den Ahornsirup, die Mandelmilch, das Vanilleextrakt und die Prise Meersalz hinzu.

3. Sobald die Schokolade geschmolzen ist, füge sie auch in den Mixer hinzu. Nun kannst du alle Zutaten zu einer glatten Mousse mixen. Falls die Mousse zu dick ist, kannst du noch ein bisschen Mandelmilch hinzufügen.

4. Wenn die Mousse die richtige Konsistenz hat, verteile sie in zwei Dessertschalen. Decke die Schalen mit Frischhaltefolie ab und stelle sie für mindestens 30 Minuten in den Kühlschrank, damit die Mousse fest werden kann.

5. Vor dem Servieren kannst du die Avocado-Schokoladen-Mousse mit ein paar frischen Minzblättern garnieren. Genieße dieses leckere und gesunde Dessert!

Basisches Apfelkompott

Zubereitungszeit: 10 Minuten + 20 Minuten Kochzeit
Portionen: 2

Zutaten:

- 3 mittelgroße Äpfel, geschält und in kleine Würfel geschnitten
- 2 EL frisch gepresster Bio-Zitronensaft
- 1 TL Zimt
- 2 EL Ahornsirup
- 250 ml basisches Wasser
- 1 EL Mandelblättchen, geröstet für die Garnierung
- 1 Prise Salz

Zubereitung:

1. Beginne damit, die Äpfel zu schälen und in kleine Würfel zu schneiden. Stelle sie beiseite.

2. In einem mittelgroßen Topf das basische Wasser, den Zitronensaft und den Ahornsirup zum Kochen bringen.

3. Gib nun die gewürfelten Äpfel und eine Prise Salz in den Topf. Lasse alles bei mittlerer Hitze für etwa 15-20 Minuten köcheln, bis die Äpfel weich sind.

4. Während die Äpfel köcheln, röste die Mandelblättchen in einer Pfanne ohne Öl, bis sie goldbraun sind. Stelle sie dann beiseite.

5. Wenn die Äpfel weich sind, gib den Zimt hinzu und rühre gut um. Lasse das Kompott noch für ein paar Minuten weiterköcheln, bis es die gewünschte Konsistenz hat.

6. Serviere das Apfelkompott in Dessertschalen und garniere es mit den gerösteten Mandelblättchen. Genieße es warm oder kalt!

Beeren-Chia-Pudding

Zubereitungszeit: 10 Minuten + 2 Stunden Kühlzeit
Portionen: 2

Zutaten:

- 300 ml Mandelmilch, ungesüßt
- 50 g Chiasamen, getrocknet
- 200 g frische Beeren deiner Wahl (Himbeeren, Erdbeeren, Blaubeeren, etc.), gewaschen und halbiert
- 2 EL Ahornsirup, naturbelassen
- 1 TL Vanilleextrakt, rein
- Etwas Bio-Zitronenschale, fein gerieben
- Eine Prise Salz

Zubereitung:

1. Nimm zuerst die Mandelmilch und gib sie in eine mittelgroße Schüssel. Füge die Chiasamen hinzu und rühre gut um, damit sich keine Klumpen bilden.

2. Füge jetzt den Ahornsirup und das Vanilleextrakt hinzu. Wenn du möchtest, kannst du auch etwas Zitronenschale und eine Prise Salz hinzufügen, um den Geschmack zu verstärken. Rühre alles gut durch.

3. Lass die Mischung für etwa 10 Minuten stehen. Du wirst sehen, dass die Chiasamen anfangen, die Flüssigkeit aufzunehmen und zu quellen.

4. Während die Chiasamen quellen, bereite die Beeren vor. Wasche sie sorgfältig und halbiere sie, wenn nötig.

5. Nach den 10 Minuten gibst du die Hälfte der Beeren in die Schüssel und rührst sie vorsichtig unter. Die andere Hälfte der Beeren wird später für die Dekoration verwendet.

6. Teile die Mischung nun in zwei Dessertschalen auf und stelle sie für mindestens 2 Stunden, oder noch besser über Nacht, in den Kühlschrank.

7. Kurz vor dem Servieren dekorierst du die Chia-Puddings mit den restlichen Beeren.

8. Genieße dieses wunderbare, einfache und gesunde Dessert!

Kokos-Panna-Cotta mit Mango

Zubereitungszeit: 15 Minuten + 3 Stunden Kühlzeit
Portionen: 2

Zutaten:

- 400 ml Kokosmilch, gut geschüttelt
- 2 TL Agar-Agar
- 4 EL Ahornsirup
- 1 reife Mango, geschält und in kleine Würfel geschnitten
- 2 EL Bio-Limettensaft
- 1 EL frische Minzblätter, fein gehackt

Zubereitung:

1. Gib die Kokosmilch in einen mittelgroßen Topf und erhitze sie bei mittlerer Hitze. Füge das Agar-Agar hinzu und rühre ständig um, bis es sich vollständig aufgelöst hat.

2. Füge den Ahornsirup zur Kokosmilch hinzu und verrühre alles gut miteinander. Lass die Mischung kurz aufkochen und nimm sie dann vom Herd.

3. Gieße die Kokosmischung in zwei Dessertschalen oder Gläser und stelle sie für mindestens 3 Stunden in den Kühlschrank, damit die Panna Cotta fest wird.

4. Während die Panna Cotta kühlt, kannst du die Mango vorbereiten. Gib die Mangowürfel in eine Schüssel und füge den Limettensaft und die gehackte Minze hinzu. Rühre alles gut durch und stelle die Mischung beiseite.

5. Wenn die Panna Cotta fest ist, kannst du sie mit der Mangomischung garnieren. Verteile die Mangowürfel gleichmäßig auf den beiden Desserts und löffle etwas von dem Limettensaft darüber.

6. Serviere die Kokos-Panna-Cotta sofort oder bewahre sie bis zum Servieren im Kühlschrank auf. Genieße dieses herrlich erfrischende Dessert!

Hirse-Kokos-Kugeln

Zubereitungszeit: 15 Minuten + 30 Minuten Kühlzeit
Portionen: 12 Kugeln

Zutaten:

- 100 g Hirse, gut abgespült
- 300 ml Wasser
- 1 EL Kokosöl
- 2 EL Agavendicksaft
- 50 g Kokosraspeln
- 1 Prise Salz
- 1/2 TL Vanilleextrakt
- 25 g gehackte Mandeln

Zubereitung:

1. Setze zuerst einen Topf mit dem Wasser auf den Herd und bringe es zum Kochen. Gib die abgespülte Hirse hinein, reduziere die Hitze und lasse sie für etwa 15 Minuten köcheln, bis sie weich ist.

2. Während die Hirse köchelt, kannst du die Mandeln in einer Pfanne ohne Öl leicht anrösten, bis sie duften. Achte darauf, sie nicht zu verbrennen, indem du sie ständig umrührst. Stelle sie dann beiseite.

3. Wenn die Hirse weich ist, nimm den Topf vom Herd und rühre das Kokosöl, den Agavendicksaft, die Hälfte der Kokosraspeln, das Salz und den Vanilleextrakt ein. Lasse die Mischung ein wenig abkühlen.

4. Forme aus der abgekühlten Hirse-Mischung kleine Kugeln und wälze sie in den restlichen Kokosraspeln und den gerösteten Mandeln.

5. Lege die fertigen Kugeln auf einen Teller und stelle sie für mindestens 30 Minuten in den Kühlschrank, damit sie fest werden.

Zitronen-Ingwer-Kekse

Zubereitungszeit: 15 Minuten + 10 Minuten Ruhezeit + 15 Minuten Backzeit
Portionen: 15 Kekse

Zutaten:

- 150 g Mandelmehl
- 1 EL Chiasamen
- 70 ml Ahornsirup
- Abrieb einer Bio-Zitrone
- 2 TL fein geriebener frischer Ingwer
- 1/4 TL Backpulver
- Eine Prise Salz
- 1 EL Kokosöl, geschmolzen

Zubereitung:

1. Stelle zuerst den Ofen auf 180°C vor und lege ein Backblech mit Backpapier aus.

2. In einer mittelgroßen Schüssel kombinierst du das Mandelmehl, die Chiasamen, das Backpulver und das Salz.

3. Füge dann den Ahornsirup, den Zitronenabrieb und den frischen Ingwer hinzu. Mische alles gut durch.

4. Gib das geschmolzene Kokosöl hinzu und arbeite es mit den Fingern in die trockenen Zutaten ein, bis ein krümeliger Teig entsteht.

5. Lasse den Teig 10 Minuten ruhen. Während dieser Zeit saugen die Chiasamen die Feuchtigkeit auf und der Teig wird fester.

6. Forme aus dem Teig kleine Kugeln, etwa so groß wie eine Walnuss, und lege sie auf das vorbereitete Backblech.

7. Drücke die Kugeln mit der flachen Hand leicht flach, sodass sie die Form von Keksen bekommen.

8. Backe die Kekse 15 Minuten oder bis sie an den Rändern golden sind.

9. Lass sie vollständig auskühlen, bevor du sie vom Backblech nimmst. Sie werden beim Abkühlen fester.

Karottenkuchen-Riegel

Zubereitungszeit: 15 Minuten + 25 Minuten Backzeit
Portionen: 6 Riegel

Zutaten:

- 200 g Karotten, geschält und fein geraspelt
- 100 g Mandelmehl
- 50 g Buchweizenmehl
- 50 ml Agavendicksaft
- 30 g Kokosöl, geschmolzen
- 1 TL Backpulver
- 1 TL Zimt, gemahlen
- 1 Prise Salz
- 2 EL gehackte Walnüsse
- 2 EL Rosinen

Zubereitung:

1. Heize zuerst den Ofen auf 180 Grad vor und lege eine kleine Backform (etwa 20x20 cm) mit Backpapier aus.

2. In einer großen Schüssel mischst du das Mandelmehl, das Buchweizenmehl, Backpulver, Zimt und Salz gut durch.

3. Gib nun die geraspelten Karotten, Agavendicksaft und das geschmolzene Kokosöl hinzu und vermische alles gründlich miteinander.

4. Nun kommen die Walnüsse und Rosinen ins Spiel. Hebe diese sanft unter die Teigmischung.

5. Verteile den Teig gleichmäßig in der vorbereiteten Backform und glätte die Oberfläche mit einem Löffel.

6. Backe die Mischung für etwa 25 Minuten, bis die Oberfläche fest ist und die Ränder leicht gebräunt sind.

7. Lass den Karottenkuchen vollständig abkühlen, bevor du ihn in Riegel schneidest.

Cashew-Creme mit Früchten

Zubereitungszeit: 20 Minuten + 4 Stunden Einweichzeit
Portionen: 2

Zutaten:

- 150 g Cashewkerne, über Nacht eingeweicht
- 2 EL Agavendicksaft
- 1 TL Vanilleextrakt
- 1 mittelgroße Mango, geschält und in Würfel geschnitten
- 200 g frische Erdbeeren, gewaschen und geviertelt
- 2 EL gehackte Minze

Zubereitung:

1. Du beginnst mit den eingeweichten Cashewkernen. Sie sind das Herzstück dieses Rezepts und sollten schön weich sein. Gieße das Einweichwasser ab und gib die Cashewkerne in einen leistungsstarken Mixer.

2. Nun kommen der Agavendicksaft und der Vanilleextrakt hinzu. Sie verleihen unserer Creme die nötige Süße und ein herrliches Aroma. Mixe alles auf höchster Stufe zu einer glatten Creme. Gib bei Bedarf ein wenig Wasser hinzu, wenn die Masse zu dick ist.

3. Stelle die Cashew-Creme zur Seite und widme dich den Früchten. Die Mango und Erdbeeren sollten frisch und reif sein, um ihren vollen Geschmack zu entfalten. Schneide sie in mundgerechte Stücke.

4. Jetzt kannst du anfangen zu schichten! In einem Glas oder einer Dessertschale beginnst du mit einer Schicht Cashew-Creme, gefolgt von einer Schicht Früchten. Wiederhole diesen Vorgang, bis alle Zutaten aufgebraucht sind.

5. Zum Abschluss streue noch die gehackte Minze über dein Dessert. Sie bringt eine erfrischende Note hinein und sieht auch noch hübsch aus.

Erdbeer-Quinoa-Parfait

Zubereitungszeit: 15 Minuten + 20 Minuten Kochzeit + 2 Stunden Kühlzeit
Portionen: 2

Zutaten:

- 150 g Quinoa, gut abgespült
- 500 ml Wasser
- 1 Prise Salz
- 250 g Erdbeeren, gewaschen und halbiert
- 3 EL Agavendicksaft
- 200 ml Kokosmilch, gut gekühlt
- 2 EL Mandelsplitter, leicht geröstet
- 1 EL frische Minzblätter, fein gehackt

Zubereitung:

1. Gib den Quinoa, das Wasser und das Salz in einen Topf und bringe alles zum Kochen. Reduziere dann die Hitze und lass es etwa 15 bis 20 Minuten köcheln, bis das Quinoa weich ist und das Wasser absorbiert wurde. Lass den Quinoa abkühlen.

2. Während der Quinoa abkühlt, püriere die Erdbeeren zusammen mit dem Agavendicksaft in einem Mixer oder einer Küchenmaschine, bis eine glatte Masse entsteht.

3. Schichte nun in zwei Gläsern abwechselnd das Erdbeerpüree und den abgekühlten Quinoa. Beginne und ende jeweils mit einer Schicht Erdbeerpüree.

4. Stelle die Gläser für mindestens 2 Stunden in den Kühlschrank, damit das Parfait durchziehen kann.

5. Kurz bevor du das Parfait servierst, schlage die gekühlte Kokosmilch mit einem Handmixer auf, bis sie eine cremige Konsistenz hat. Löffele die Kokoscreme auf die Gläser und garniere sie mit Mandelsplittern und gehackter Minze.

Schokoladen-Bananen-Eis

Zubereitungszeit: 15 Minuten + 2 Stunden Gefrierzeit
Portionen: 2

Zutaten:

- 2 reife Bananen, in Scheiben geschnitten und gefroren
- 30 g rohes Kakaopulver
- 60 ml Mandelmilch
- 2 EL Ahornsirup
- 1 TL Vanilleextrakt
- Eine Prise Salz
- 15 g dunkle Schokolade (mind. 70% Kakao), gehackt
- 1 EL Kokosnussraspeln, geröstet

Zubereitung:

1. Lege die Bananenscheiben auf ein Backblech und lasse sie mindestens 2 Stunden gefrieren. Die gefrorenen Bananenscheiben sind die Basis für unser cremiges Eis.

2. Gib die gefrorenen Bananenscheiben in einen leistungsstarken Mixer oder eine Küchenmaschine. Füge das rohe Kakaopulver, die Mandelmilch, den Ahornsirup, das Vanilleextrakt und die Prise Salz hinzu.

3. Püriere alle Zutaten, bis eine glatte und cremige Eismasse entsteht.

4. Hebe die gehackte dunkle Schokolade unter die Eismasse.

5. Verteile das Eis auf zwei Schälchen oder Gläser.

6. Bestreue das Eis mit den gerösteten Kokosnussraspeln.

7. Serviere das Eis sofort oder stelle es, wenn du es fester möchtest, noch einmal für 30 Minuten in den Gefrierschrank.

Getränke

Gurken-Zitronen-Wasser

Zubereitungszeit: 10 Minuten + 2 Stunden Kühlzeit
Portionen: 2

Zutaten:

- 1 Bio-Zitrone, gewaschen und in Scheiben geschnitten
- 1 kleine Gurke, gewaschen und in Scheiben geschnitten
- 10 g frischer Ingwer, geschält und in dünne Scheiben geschnitten
- 1 l Wasser, kalt
- 2 EL Honig (optional)
- Eine Handvoll frische Minzblätter

Zubereitung:

1. Nimm dir eine große Karaffe und fülle sie mit dem kalten Wasser.

2. Füge die Zitronen- und Gurkenscheiben hinzu. Achte darauf, dass du sie schön verteilst, damit sich ihre Aromen gleichmäßig im Wasser entfalten können.

3. Nun schneide den Ingwer in dünne Scheiben und gib ihn ebenfalls in die Karaffe.

4. Wenn du möchtest, kannst du jetzt noch ein bisschen Süße hinzufügen. Honig eignet sich dafür besonders gut, weil er nicht nur süßt, sondern auch eine leicht blumige Note ins Wasser bringt. Rühre das Ganze gut um, damit sich der Honig vollständig auflöst.

5. Zum Schluss gibst du noch die frischen Minzblätter hinzu.

6. Stelle die Karaffe für mindestens zwei Stunden in den Kühlschrank. So kann sich der Geschmack der Zutaten optimal entfalten.

7. Vor dem Servieren das Wasser noch einmal gut umrühren. Dann kannst du es in Gläser füllen und genießen.

Ingwer-Grüntee

Zubereitungszeit: 10 Minuten + 10 Minuten Ziehzeit
Portionen: 2

Zutaten:

- 1 l Wasser
- 2 EL grüner Tee (lose Blätter)
- 5 g frischer Ingwer, fein gehackt
- 1 EL Honig (optional)
- Saft einer halben Bio-Zitrone
- 2 Zweige frische Minze, grob gehackt
- 1 Prise Meersalz

Zubereitung:

1. Setze das Wasser in einem Topf auf den Herd und bringe es zum Kochen.

2. Während das Wasser erhitzt, widme dich dem Ingwer. Zupfe die Schale ab und hacke ihn dann fein.

3. Sobald das Wasser kocht, reduziere die Hitze auf mittlere Stufe. Gib nun den grünen Tee und den gehackten Ingwer in den Topf. Lass alles für etwa 3 Minuten köcheln.

4. Nach dieser Zeit nimmst du den Topf vom Herd und lässt den Tee 10 Minuten ziehen. So kann sich das volle Aroma entfalten.

5. Während der Tee zieht, kannst du die Minze grob hacken.

6. Nach der Ziehzeit siebst du den Tee durch ein feines Sieb in eine Teekanne oder direkt in Tassen ab. Füge den Honig, den Zitronensaft, die gehackte Minze und die Prise Meersalz hinzu. Rühre alles gut um, bis der Honig sich vollständig aufgelöst hat.

7. Nun ist der Ingwer-Grüntee bereit zum Genießen! Du kannst ihn heiß servieren, oder auch abkühlen lassen und als erfrischenden Eistee genießen.

Rote-Bete-Smoothie

Zubereitungszeit: 10 Minuten + 30 Minuten Kühlzeit
Portionen: 2

Zutaten:

- 1 mittelgroße Rote Bete, gekocht und in Würfel geschnitten (ca. 150 g)
- 1 großer Apfel, entkernt und gewürfelt
- 1 kleine Banane, geschält und in Scheiben geschnitten
- 250 ml Mandelmilch
- 1 EL Leinsamen, gemahlen
- 1 TL frischer Ingwer, fein gehackt
- 1 EL frischer Bio-Zitronensaft
- Eine Prise Salz

Zubereitung:

1. Zunächst bereitest du alle Zutaten vor. Die Rote Bete kochst du, falls noch nicht geschehen, und schneidest sie dann in Würfel. Den Apfel entkernst du und würfelst ihn ebenfalls. Die Banane schälst du und schneidest sie in Scheiben.

2. Jetzt kommen alle Zutaten in den Mixer: die Rote-Bete-Würfel, die Apfelwürfel, die Bananenscheiben, die Mandelmilch, der gemahlene Leinsamen, der frisch gehackte Ingwer, der frische Zitronensaft und eine Prise Salz.

3. Mixe alle Zutaten auf hoher Stufe, bis sie gut vermischt sind und der Smoothie eine schöne, gleichmäßige Konsistenz hat. Sollte der Smoothie zu dick sein, kannst du noch ein wenig mehr Mandelmilch hinzufügen.

4. Nachdem du den Smoothie gemixt hast, stellst du ihn für etwa 30 Minuten in den Kühlschrank, damit er schön kalt wird.

5. Vor dem Servieren noch einmal gut umrühren und dann in zwei Gläser füllen.

Heidelbeer-Basilikum-Limonade

Zubereitungszeit: 15 Minuten + 2 Stunden Kühlzeit
Portionen: 2

Zutaten:

- 200 g frische Heidelbeeren, gewaschen
- 15 g frischer Basilikum, Blätter abgezupft und gewaschen
- 60 ml frisch gepresster Bio-Zitronensaft (ca. 2 Zitronen)
- 2 EL Agavendicksaft (nach Geschmack mehr oder weniger)
- 500 ml sprudelndes Mineralwasser, gekühlt
- Eiswürfel, zum Servieren

Zubereitung:

1. Gib die Heidelbeeren in einen Mixer und verarbeite sie zu einem feinen Püree. Durch ein feines Sieb passieren, um die Haut und die Samen zu entfernen.

2. In einem großen Krug den Heidelbeerpüree, Zitronensaft, Agavendicksaft und die Basilikumblätter vermischen. Mit einem Löffel oder einem Muddler den Basilikum leicht zerdrücken, um das Aroma zu entfalten.

3. Das sprudelnde Mineralwasser dazugeben und alles gut vermischen.

4. Die Limonade für mindestens 2 Stunden in den Kühlschrank stellen, damit sie schön kalt wird und die Aromen sich entfalten können.

5. Vor dem Servieren die Limonade noch einmal umrühren, dann in Gläser mit Eiswürfeln gießen. Nach Belieben mit ein paar frischen Heidelbeeren und Basilikumblättern garnieren.

Matcha-Latte

Zubereitungszeit: 5 Minuten + 10 Minuten Ruhezeit
Portionen: 2

Zutaten:

- 1 TL hochwertiges Matcha-Pulver
- 250 ml gefiltertes Wasser, erhitzt auf 80 Grad
- 200 ml Mandelmilch, ungezuckert
- 1 EL Ahornsirup
- 1 Prise Vanillepulver
- 1 TL Kokosöl, optional

Zubereitung:

1. Nimm das Matcha-Pulver und gebe es in eine hitzebeständige Schüssel. Füge ein wenig von dem heißen Wasser hinzu, etwa 50 ml, und verwende einen Bambusbesen oder einen kleinen Schneebesen, um das Pulver zu einer Paste zu rühren. Dies sorgt dafür, dass keine Klumpen entstehen.

2. Wenn die Paste glatt ist, füge den Rest des Wassers hinzu und rühre weiter, bis alles gut vermischt ist.

3. Jetzt ist es Zeit für die Mandelmilch. Erhitze sie in einem kleinen Topf auf mittlerer Stufe, bis sie heiß ist, aber nicht kocht. Wenn du magst, kannst du das Kokosöl hinzufügen. Das gibt deinem Matcha-Latte eine zusätzliche cremige Note und hilft auch, die wertvollen Inhaltsstoffe des Matcha besser aufzunehmen.

4. Gib den Ahornsirup und die Prise Vanillepulver in die heiße Mandelmilch und rühre gut um.

5. Gieße die süße Mandelmilch langsam in die Schüssel mit dem Matcha, während du ständig rührst. So entsteht eine schöne, grüne Schaumschicht auf deinem Latte.

6. Lasse deinen Matcha-Latte etwa 10 Minuten ruhen. Dies gibt den Aromen Zeit, sich zu entfalten und zu vermischen.

7. Nach der Ruhezeit ist dein Matcha-Latte bereit zum Genießen. Rühre vor dem Trinken noch einmal gut um und serviere ihn in deinem Lieblingsbecher.

Spinat-Ananas-Smoothie

Zubereitungszeit: 15 Minuten + 5 Minuten Ruhezeit
Portionen: 2

Zutaten:

- 100 g frischer Spinat, gewaschen und trocken getupft
- 200 g Ananas, geschält und in Würfel geschnitten
- 2 EL Chiasamen
- 200 ml Mandelmilch, ungesüßt
- 1 EL Agavendicksaft
- 1/2 TL Kurkuma
- 1/2 TL Ingwer, frisch gerieben
- 1 Prise schwarzer Pfeffer

Zubereitung:

1. Beginne damit, den Spinat gründlich zu waschen und trocken zu tupfen. Die Ananas schälst du und schneidest sie in Würfel. Der Ingwer sollte frisch gerieben werden.

2. Nun nimmst du deinen Mixer zur Hand. Gib den Spinat, die Ananas, den Ingwer und die Chiasamen hinein.

3. Füge die Mandelmilch hinzu, sodass alle Zutaten gut bedeckt sind. Gib dann den Agavendicksaft, das Kurkuma und eine Prise schwarzer Pfeffer hinzu.

4. Nun heißt es mixen. Lass den Mixer auf hoher Stufe laufen, bis alle Zutaten zu einem glatten Smoothie verarbeitet sind. Das dauert in der Regel etwa 1-2 Minuten.

5. Lass den Smoothie nun etwa 5 Minuten ruhen. Die Chiasamen quellen in dieser Zeit auf und geben dem Smoothie eine angenehm sämige Konsistenz.

6. Nach der Ruhezeit kannst du den Smoothie noch einmal kurz durchrühren und dann auf zwei Gläser verteilen.

7. Fertig ist dein basischer Spinat-Ananas-Smoothie!

Karotten-Ingwer-Saft

Zubereitungszeit: 15 Minuten + 10 Minuten Ruhezeit
Portionen: 2

Zutaten:

- 6 mittelgroße Karotten (etwa 500 g), gewaschen und geputzt
- 2 cm frischer Ingwer, geschält
- 1 Bio-Zitrone, entsaftet
- 1 EL Ahornsirup (optional)
- 1 Prise Himalaya-Salz
- 500 ml Wasser

Zubereitung:

1. Zunächst schneidest du die Karotten und den Ingwer in grobe Stücke. Keine Sorge, sie müssen nicht perfekt aussehen, da wir sie gleich im Mixer zerkleinern.

2. Dann gibst du die Karotten- und Ingwerstücke in einen leistungsstarken Mixer. Füge das Wasser hinzu und mixe alles auf höchster Stufe, bis du eine homogene Mischung erhältst.

3. Lass die Mischung für etwa 10 Minuten stehen. Dies gibt dem Ingwer Zeit, seinen Geschmack zu entfalten.

4. Während die Karotten-Ingwer-Mischung ruht, kannst du die Zitrone auspressen.

5. Nach der Ruhezeit gießt du den Saft durch ein feines Sieb oder einen Nussmilchbeutel in ein großes Gefäß. Drücke den Trester gut aus, um so viel Saft wie möglich zu gewinnen.

6. Nun gibst du den Zitronensaft, Ahornsirup (wenn du eine zusätzliche Süße möchtest) und eine Prise Salz hinzu. Rühre alles gut um, bis sich der Ahornsirup und das Salz vollständig aufgelöst haben.

7. Fülle den Saft in Gläser und genieße ihn sofort oder bewahre ihn im Kühlschrank auf und trinke ihn innerhalb von 24 Stunden.

Mandelmilch-Kakao

Zubereitungszeit: 10 Minuten + 5 Minuten Ruhezeit
Portionen: 2

Zutaten:

- 500 ml Mandelmilch
- 2 EL roher Kakao
- 1 EL Ahornsirup
- 1 Prise Meersalz
- 1/4 TL Vanilleextrakt
- 2 TL Chiasamen

Zubereitung:

1. In einem kleinen Topf die Mandelmilch bei mittlerer Hitze erwärmen, aber nicht zum Kochen bringen.

2. Während die Mandelmilch erwärmt, den rohen Kakao in einer kleinen Schüssel mit dem Ahornsirup verrühren, bis eine glatte Paste entsteht. Dies sorgt für eine gleichmäßige Verteilung des Kakaos in der Milch.

3. Die Kakaopaste, das Meersalz und den Vanilleextrakt in den Topf mit der Mandelmilch geben und gut umrühren, bis alles vollständig vermischt ist.

4. Den Topf vom Herd nehmen und die Chiasamen hinzufügen. Gut umrühren, damit die Samen gleichmäßig in der Flüssigkeit verteilt sind.

5. Lass den Mandelmilch-Kakao für etwa 5 Minuten stehen, damit die Chiasamen quellen können.

6. Nach der Ruhezeit den Mandelmilch-Kakao noch einmal gut umrühren, dann in zwei Becher verteilen und servieren. Genieße diesen wärmenden, nährstoffreichen Kakao!

Melonen-Minze-Spritzer

Zubereitungszeit: 15 Minuten + 1 Stunde Kühlzeit
Portionen: 2

Zutaten:

- 500 g Wassermelone, entkernt und in Würfel geschnitten
- 15 g frische Minze, gewaschen und Blätter abgezupft
- 30 ml Bio-Limettensaft, frisch gepresst
- 500 ml sprudelndes Mineralwasser, kühl
- 1 TL Agavendicksaft (optional)
- Eiswürfel, nach Bedarf

Zubereitung:

1. Nimm die entkernten Wassermelonenstücke und gib sie in einen Mixer. Mixe alles zu einer glatten Masse.

2. Füge die Minzblätter hinzu. Du kannst ein paar Blätter für die Dekoration beiseitelegen, wenn du möchtest.

3. Drücke nun den Saft aus der Limette und gib diesen in den Mixer dazu. Falls du es etwas süßer magst, kannst du an dieser Stelle den Agavendicksaft hinzufügen.

4. Mixe alles noch einmal gründlich durch.

5. Lass die Melonen-Minze-Mischung für etwa eine Stunde im Kühlschrank kalt werden.

6. Wenn die Mischung schön gekühlt ist, fülle sie in Gläser und gib dann das sprudelnde Mineralwasser hinzu.

7. Rühre alles vorsichtig um und füge dann nach Wunsch Eiswürfel hinzu.

8. Garniere den Melonen-Minze-Spritzer mit den restlichen Minzblättern und serviere ihn gekühlt.

Apfel-Zimt-Infused-Wasser

Zubereitungszeit: 10 Minuten + 2 Stunden Ruhezeit
Portionen: 2

Zutaten:

- 1 großer Apfel, gewaschen und in dünne Scheiben geschnitten
- 1 Stange Zimt
- 1 L Wasser
- 1 EL frischer Bio-Zitronensaft
- 2 TL Honig (optional, wenn es etwas süßer sein soll)
- Einige frische Minzblätter, gewaschen

Zubereitung:

1. Nimm eine große Karaffe und fülle sie mit dem Liter Wasser.
2. Schneide nun deinen Apfel in dünne Scheiben. Achte darauf, dass du den Kern entfernst. Du willst keine Apfelkerne in deinem Infused Wasser.
3. Füge die Apfelscheiben und die Zimtstange in die Karaffe mit Wasser hinzu.
4. Drücke den frischen Zitronensaft aus und gib ihn ebenfalls ins Wasser.
5. Wenn du magst, kannst du nun noch 2 Teelöffel Honig hinzufügen.
6. Zum Schluss gib noch ein paar frische Minzblätter hinzu.
7. Lass das Ganze jetzt mindestens zwei Stunden im Kühlschrank ziehen. Je länger du es ziehen lässt, desto intensiver werden die Aromen.
8. Vor dem Servieren gut umrühren, damit sich alle Aromen gleichmäßig verteilen.

Rohkost

Zucchini-Spaghetti mit Basilikum-Pesto

Zubereitungszeit: 15 Minuten + 5 Minuten Ruhezeit
Portionen: 2

Zutaten:

- 2 mittelgroße Zucchini, gewaschen und Enden abgeschnitten
- 2 Handvoll frisches Basilikum, gewaschen und grob gehackt
- 60 g Pinienkerne, leicht geröstet
- 2 Knoblauchzehen, geschält und gehackt
- 60 ml natives Olivenöl extra
- Salz und Pfeffer nach Geschmack
- 2 EL Bio-Zitronensaft, frisch gepresst
- 20 g Hanfsamen, optional

Zubereitung:

1. Beginne damit, die Zucchini in Spaghetti-Form zu bringen. Verwende dafür einen Spiralschneider oder ein ähnliches Küchengerät. Wenn du keinen Spiralschneider hast, kannst du die Zucchini auch in feine Streifen schneiden. Lege die Zucchini-Spaghetti beiseite.

2. Als nächstes bereitest du das Pesto zu. Gib das Basilikum, die Pinienkerne, den Knoblauch, das Olivenöl, Salz, Pfeffer und den Zitronensaft in einen Mixer oder eine Küchenmaschine. Mixe alles, bis eine gleichmäßige, leicht körnige Paste entsteht.

3. Lass das Pesto etwa 5 Minuten ruhen, damit sich die Aromen entfalten können.

4. Verteile nun das Pesto über die Zucchini-Spaghetti und mische alles gut durch, bis die Spaghetti gleichmäßig mit dem Pesto bedeckt sind.

5. Wenn du magst, kannst du die Spaghetti mit Hanfsamen bestreuen, um ihnen eine zusätzliche Textur und etwas Proteinzusatz zu geben.

6. Serviere die Zucchini-Spaghetti mit Basilikum-Pesto sofort. Du kannst sie aber auch abdecken und bis zu 2 Stunden im Kühlschrank aufbewahren, wenn du sie später servieren möchtest.

Kohlrabi-Lasagne

Zubereitungszeit: 15 Minuten + 2 Stunden Einweichzeit für die Cashewkerne
Portionen: 2

Zutaten:

- 2 mittelgroße Kohlrabi, in hauchdünne Scheiben gehobelt
- 1 Bund Basilikum, grob gehackt
- 100 g Cashewkerne, über Nacht eingeweicht und abgetropft
- 2 EL natives Olivenöl extra
- Saft von 1 Bio-Zitrone
- 1 Knoblauchzehe, geschält und fein gehackt
- Salz und Pfeffer nach Geschmack
- 1 rote Paprika, entkernt und in dünne Streifen geschnitten
- 50 g Spinatblätter, grob gehackt

Zubereitung:

1. Beginne mit der Herstellung der Cashew-Creme. Gib die eingeweichten Cashewkerne in einen Mixer zusammen mit dem Olivenöl, Zitronensaft und Knoblauch. Püriere alles bis eine glatte Creme entsteht. Schmecke mit Salz und Pfeffer ab und stelle sie beiseite.

2. Jetzt geht es an die Kohlrabi. Du hast sie bereits in dünne Scheiben gehobelt, die nun als „Lasagneblätter" dienen. Lege die erste Schicht Kohlrabischeiben in eine Auflaufform oder auf einen großen Teller.

3. Bestreiche die Kohlrabischeiben mit der Cashew-Creme, lege dann eine Schicht Paprikastreifen und Spinat darauf und streue etwas gehacktes Basilikum darüber. Wiederhole diese Schichten, bis alle Zutaten aufgebraucht sind, wobei die letzte Schicht eine Cremeschicht sein sollte.

4. Stelle die Lasagne für etwa 10 Minuten in den Kühlschrank, um sie ein wenig durchziehen zu lassen. Vor dem Servieren kannst du noch ein wenig Basilikum darüber streuen.

Süßkartoffel-Rohkost-Salat

Zubereitungszeit: 15 Minuten + 10 Minuten Ruhezeit
Portionen: 2

Zutaten:

- 1 große Süßkartoffel, roh, geschält und grob geraspelt
- 1 kleine rote Zwiebel, fein gehackt
- 1 kleiner Granatapfel, Kerne herausgelöst
- 1 Bund frischer Koriander, grob gehackt
- 2 EL natives Olivenöl extra
- 1 Bio-Limette, Saft und abgeriebene Schale
- 1 TL Chiliflocken
- Salz und schwarzer Pfeffer nach Geschmack

Zubereitung:

1. Beginne damit, die Süßkartoffel zu schälen und mit einer groben Reibe zu raspeln. Gib sie in eine große Schüssel.

2. Hacke die rote Zwiebel fein und füge sie der geraspelten Süßkartoffel hinzu.

3. Nimm nun den Granatapfel zur Hand und löse die Kerne heraus. Gib die Kerne in die Schüssel.

4. Hacke den frischen Koriander grob und gib ihn ebenfalls in die Schüssel.

5. Jetzt geht es an das Dressing: In einer kleinen Schüssel vermischt du das Olivenöl, den Saft und die abgeriebene Schale der Limette, die Chiliflocken, Salz und Pfeffer. Vermische alles gut miteinander.

6. Gib das Dressing über die Zutaten in der großen Schüssel und vermische alles sorgfältig miteinander. Lass den Salat etwa 10 Minuten ziehen, damit die Aromen sich entfalten können.

7. Nach der Ruhezeit kannst du den Salat noch einmal abschmecken und gegebenenfalls nachwürzen. Dann ist der Süßkartoffel-Rohkost-Salat bereit zum Servieren.

Papaya-Boote

Zubereitungszeit: 15 Minuten + 10 Minuten Kühlzeit
Portionen: 2 Papaya-Boote

Zutaten:

- 1 reife Papaya, halbiert und entkernt
- 100 g frische Erdbeeren, gewaschen und halbiert
- 1 kleine Banane, geschält und in Scheiben geschnitten
- 100 g Blaubeeren, gewaschen
- 2 EL Mandelblättchen, leicht geröstet
- 2 TL Ahornsirup
- Saft einer halben Bio-Limette
- Frische Minzblätter zur Dekoration

Zubereitung:

1. Beginne damit, die Papaya zu halbieren und die Kerne mit einem Löffel zu entfernen. Achte darauf, dass das Fruchtfleisch intakt bleibt, um eine schöne „Boot-Form" zu erhalten.

2. In einer Schüssel kombiniere die Erdbeeren, Bananenscheiben und Blaubeeren. Mische alles gut durch und gib den Limettensaft sowie den Ahornsirup hinzu. Rühre die Mischung sanft um, um sicherzustellen, dass alle Früchte gut bedeckt sind.

3. Verteile nun die Fruchtmischung gleichmäßig in den beiden Papaya-Hälften. Bestreue sie mit den gerösteten Mandelblättchen und setze dann einige Minzblätter obendrauf zur Dekoration.

4. Stelle die Papaya-Boote für etwa 10 Minuten in den Kühlschrank, um sie leicht abzukühlen und die Aromen sich verbinden zu lassen.

5. Serviere die Papaya-Boote direkt aus dem Kühlschrank. Sie sind eine herrliche, erfrischende und gesunde Zwischenmahlzeit oder ein farbenfrohes Dessert.

Rote-Bete-Carpaccio

Zubereitungszeit: 15 Minuten + 1 Stunde Kühlzeit
Portionen: 2

Zutaten:

- 2 mittelgroße Rote Bete, roh und geschält
- 1 frische Bio-Orange, halbiert und ausgepresst
- 2 EL natives Olivenöl extra
- 1 EL heller Balsamico-Essig
- 1 TL Ahornsirup
- 1 Handvoll frische Petersilie, fein gehackt
- 1 Handvoll Walnüsse, grob gehackt
- Salz und Pfeffer zum Abschmecken

Zubereitung:

1. Zuerst benötigst du einen Gemüsehobel oder ein scharfes Messer. Schneide die rohe Rote Bete in hauchdünne Scheiben. Je dünner, desto besser. Lege die Scheiben auf einen großen Teller oder eine Platte.

2. Nun kümmerst du dich um das Dressing. Vermische den frisch gepressten Orangensaft, das Olivenöl, den Balsamico-Essig und den Ahornsirup in einer kleinen Schüssel. Gib eine Prise Salz und Pfeffer dazu und rühre alles gut durch.

3. Träufle das Dressing gleichmäßig über die Rote Bete Scheiben. Bedecke den Teller oder die Platte und stelle sie für mindestens eine Stunde in den Kühlschrank. Dies gibt der Roten Bete Zeit, das Dressing aufzunehmen und etwas weicher zu werden.

4. Wenn du bereit bist zu servieren, nimm den Teller aus dem Kühlschrank. Bestreue das Carpaccio mit den gehackten Walnüssen und der frischen Petersilie.

Blumenkohl-Tabouleh

Zubereitungszeit: 15 Minuten + 15 Minuten Ruhezeit
Portionen: 2

Zutaten:

- 1 kleiner Blumenkohl, in Röschen geteilt
- 1 Bund frische Petersilie, fein gehackt
- 2 Frühlingszwiebeln, fein geschnitten
- 10 Kirschtomaten, halbiert
- Saft einer halben Bio-Zitrone
- 3 EL natives Olivenöl extra
- Eine Prise Meersalz
- Eine Prise frisch gemahlener Pfeffer
- 2 EL Hanfsamen

Zubereitung:

1. Beginne mit dem Blumenkohl. Verwende eine Küchenmaschine oder eine grobe Reibe, um den Blumenkohl in feine Stückchen zu zerkleinern, ähnlich wie Bulgur im traditionellen Tabouleh. Das ist unser Rohkost-Ersatz für Getreide, du wirst überrascht sein, wie gut das funktioniert.

2. Jetzt gib den zerkleinerten Blumenkohl in eine große Schüssel. Füge die fein gehackte Petersilie und die geschnittenen Frühlingszwiebeln hinzu. Jetzt kommt Farbe ins Spiel mit den halbierten Kirschtomaten. Mischt alles gut durch.

3. Für das Dressing drückst du den Saft der halben Zitrone in eine kleine Schüssel. Gib das Olivenöl, Meersalz und Pfeffer dazu und verrühre alles gut.

4. Gieße das Dressing über deine Blumenkohlmischung und mische alles gut durch. Lass das Tabouleh etwa 15 Minuten ruhen, damit die Aromen sich verbinden können.

5. Zum Schluss bestreue das Tabouleh mit den Hanfsamen.

Mangold-Wraps

Zubereitungszeit: 20 Minuten + 15 Minuten Ruhezeit
Portionen: 6 Wraps

Zutaten:

- 6 große Mangoldblätter, gewaschen und getrocknet
- 1 reife Avocado, entkernt und in Scheiben geschnitten
- 150 g Quinoa, gekocht und abgekühlt
- 1 rote Paprika, entkernt und in Streifen geschnitten
- 1 Karotte, geschält und in feine Streifen geschnitten
- 1 kleiner roter Rettich, in feine Scheiben geschnitten
- 1 EL frisch gehackter Koriander
- Saft von 1 Bio-Limette
- 1 EL natives Olivenöl extra
- Salz und Pfeffer nach Geschmack

Zubereitung:

1. Beginne damit, die Stiele der Mangoldblätter sorgfältig zu entfernen, um sie für das Einwickeln flexibel zu machen. Versuche, dabei das Blatt nicht zu zerreißen.

2. Koche den Quinoa gemäß den Anweisungen auf der Packung und lasse ihn abkühlen.

3. Während der Quinoa abkühlt, schneide die Paprika, Karotte und den Rettich in Streifen bzw. Scheiben.

4. In einer Schüssel die Avocado, den Limettensaft, das Olivenöl, Salz und Pfeffer vermengen und gut durchmischen.

5. Jetzt ist es an der Zeit, die Wraps zusammenzustellen! Lege ein Mangoldblatt vor dich hin, mit der Außenseite nach unten. Fülle es mit einer Portion Quinoa, dann mit einigen Avocadoscheiben, und schließlich mit den geschnittenen Gemüsestücken.

6. Rolle das Blatt vorsichtig auf und fixiere es mit einem Zahnstocher, falls nötig.

7. Wiederhole diesen Schritt mit den restlichen Blättern und der Füllung.

8. Lasse die Wraps vor dem Servieren mindestens 15 Minuten im Kühlschrank ruhen, um die Aromen zu verbinden.

Endivien-Tacos

Zubereitungszeit: 15 Minuten + 10 Minuten Ruhezeit
Portionen: 4 Tacos

Zutaten:

- 1 mittelgroße Endivie, gewaschen und geputzt
- 100 g Quinoa, gewaschen und abgetropft
- 1 reife Avocado, geschält und entkernt
- 2 rote Radieschen, gewaschen und in feine Scheiben geschnitten
- 1 EL natives Olivenöl extra
- 1 EL frisch gepresster Bio-Zitronensaft
- 1/2 TL Meersalz
- 1/2 TL frisch gemahlener schwarzer Pfeffer
- 1 EL frische Petersilie, gehackt
- 1 EL frische Korianderblätter, gehackt

Zubereitung:

1. Zunächst musst du den Quinoa kochen. Gib den Quinoa in einen Topf und füge 200 ml Wasser hinzu. Lass das Ganze zum Kochen bringen und reduziere dann die Hitze auf ein Minimum. Lass den Quinoa etwa 15 Minuten köcheln, bis er das Wasser vollständig aufgenommen hat. Nimm den Topf vom Herd und lass den Quinoa abgedeckt weitere 10 Minuten ruhen.

2. Während der Quinoa kocht, kannst du die Avocado in eine Schüssel geben und mit einer Gabel zu einer cremigen Masse zerdrücken. Gib das Olivenöl, den Zitronensaft, das Salz und den Pfeffer hinzu und vermische alles gut miteinander.

3. Wenn der Quinoa fertig ist, gibst du ihn zur Avocadocreme hinzu und vermischst alles gründlich.

4. Nun kannst du die Endivien-Tacos zusammenstellen. Nimm die Endivienblätter und fülle sie mit der Quinoa-Avocado-Mischung. Belege das Ganze mit den Radieschenscheiben und bestreue die Tacos zum Schluss mit der gehackten Petersilie und dem Koriander.

Sellerie-Nudeln mit Tomatensoße

Zubereitungszeit: 15 Minuten + 10 Minuten zum Marinieren
Portionen: 2

Zutaten:

- 1 großer Sellerie, geschält und in dünne Scheiben geschnitten
- 300 g reife Tomaten, gewürfelt
- 1 frische rote Chili, entkernt und fein gehackt
- 2 EL natives Olivenöl extra
- 1 EL Apfelessig
- 1 EL Ahornsirup
- 1 TL fein gehackter Knoblauch
- 1 Handvoll frische Basilikumblätter, fein geschnitten
- Meersalz und schwarzer Pfeffer nach Geschmack

Zubereitung:

1. Schneide den Sellerie mit einem Spiralschneider in Nudelform. Wenn du keinen Spiralschneider hast, kannst du auch ein Messer verwenden, um dünne Streifen zu schneiden. Lege die Sellerienudeln beiseite.

2. In einer mittelgroßen Schüssel die gewürfelten Tomaten, die gehackte Chili, das Olivenöl, den Apfelessig, den Ahornsirup und den gehackten Knoblauch vermengen. Gut umrühren, bis alles gut vermischt ist.

3. Füge die Sellerienudeln zur Tomatenmischung hinzu. Gut vermischen, bis alle Nudeln mit der Tomatensoße bedeckt sind. Lasse das Ganze für etwa 10 Minuten marinieren, damit die Aromen gut einziehen können.

4. Nach der Marinierzeit die Sellerienudeln auf zwei Teller verteilen. Mit frisch geschnittenem Basilikum garnieren und mit Meersalz und schwarzem Pfeffer abschmecken.

Rucola-Fenchel-Salat

Zubereitungszeit: 15 Minuten + 10 Minuten Ruhezeit
Portionen: 2

Zutaten:

- 100 g Rucola, gewaschen und trocken geschleudert
- 1 mittelgroßer Fenchel, dünn geschnitten
- 2 EL natives Olivenöl extra
- Saft von 1/2 Bio-Zitrone
- 1 TL Agavendicksaft oder Honig
- Eine Prise Meersalz
- Eine Prise frisch gemahlener schwarzer Pfeffer
- 1 EL Sonnenblumenkerne, geröstet
- 2 EL Granatapfelkerne

Zubereitung:

1. Du beginnst, indem du den Fenchel dünn schneidest. Dafür ist eine Mandoline ideal, aber ein scharfes Messer tut es auch. Behalte das Fenchelgrün, das wir später als Garnierung verwenden werden.

2. Dann geht es an die Vorbereitung des Dressings. Vermische das Olivenöl, den Zitronensaft und den Agavendicksaft in einer kleinen Schüssel. Füge das Salz und den Pfeffer hinzu und verrühre alles gut.

3. Jetzt geht es an die Zusammenstellung des Salats. Lege den Rucola und den geschnittenen Fenchel in eine Schüssel. Gieße das Dressing darüber und mische alles gut durch, so dass der Salat gleichmäßig bedeckt ist.

4. Lass den Salat 10 Minuten ruhen. Dadurch kann er das Dressing aufnehmen und die Aromen können sich entfalten.

5. Während der Salat ruht, kannst du die Sonnenblumenkerne in einer Pfanne ohne Öl rösten. Sei vorsichtig, sie verbrennen schnell. Sobald sie goldbraun sind, nimm sie von der Hitze.

6. Zum Servieren verteilst du die gerösteten Sonnenblumenkerne und die Granatapfelkerne über den Salat. Das Fenchelgrün verwendest du als Garnierung.

Fermentierte Lebensmittel

Basisches Sauerkraut

Zubereitungszeit: 30 Minuten + 14 Tage Fermentierungszeit
Portionen: etwa 1 kg Sauerkraut

Zutaten:

- 1 kg Weißkohl, frisch und fein geschnitten
- 2 TL Himalaya-Salz, fein gemahlen
- 2 EL Ingwer, frisch gerieben
- 1 TL Kurkuma, gemahlen
- 500 ml gefiltertes Wasser

Zubereitung:

1. Nimm dir den fein geschnittenen Weißkohl und streue das fein gemahlene Himalaya-Salz darüber. Jetzt heißt es kneten! Massiere den Kohl mit den Händen kräftig, bis er anfängt, Saft freizusetzen. Das dauert etwa 10 Minuten.

2. Gib den frisch geriebenen Ingwer und das gemahlene Kurkuma zum Weißkohl und vermenge alles gründlich.

3. Packe den Weißkohl fest in ein sauberes Einmachglas. Achte darauf, dass er gut verdichtet ist und mindestens 2 cm Platz zum Rand bleiben.

4. Gieße so viel gefiltertes Wasser dazu, dass der Kohl vollständig bedeckt ist. Wichtig ist, dass keine Kohlstückchen herausragen, denn sie könnten Schimmel bilden.

5. Verschließe das Glas und stelle es an einen kühlen, dunklen Ort. Lasse das Sauerkraut nun 14 Tage lang fermentieren.

6. Nach der Fermentierungszeit ist dein basisches Sauerkraut fertig. Du kannst es direkt verwenden oder im Kühlschrank lagern. Je länger es lagert, desto intensiver wird der Geschmack.

Kimchi mit Chinakohl

Zubereitungszeit: 30 Minuten + 1 Woche Fermentationszeit
Portionen: 1 Glas (ca. 1 Liter)

Zutaten:

- 1 mittelgroßer Chinakohl, gewaschen und in 4 cm breite Streifen geschnitten, etwa 800 g
- 40 g Meersalz
- 500 ml Wasser
- 2 Frühlingszwiebeln, fein geschnitten
- 1 Knoblauchzehe, fein gehackt
- 2 cm frischer Ingwer, fein gehackt
- 1 EL Chiliflocken
- 1 TL Rohrohrzucker

Zubereitung:

1. Löse das Salz im Wasser auf und lege den Chinakohl darin ein. Lasse das Ganze für etwa 2 Stunden einweichen.

2. Währenddessen bereite die restlichen Zutaten vor. Schneide die Frühlingszwiebeln, hacke den Knoblauch und den Ingwer fein und stelle alles beiseite.

3. Nach der Einweichzeit den Chinakohl abtropfen lassen und gut abspülen.

4. Mische den abgetropften Chinakohl mit den vorbereiteten Zutaten - Frühlingszwiebeln, Knoblauch, Ingwer, Chiliflocken und Zucker.

5. Fülle die Mischung in ein sauberes Glas und drücke sie gut nach unten, sodass die Flüssigkeit die Gemüsemischung bedeckt.

6. Verschließe das Glas und lasse es bei Raumtemperatur für etwa eine Woche fermentieren. Prüfe täglich den Fermentationsprozess und lasse gegebenenfalls etwas Gas durch leichtes Öffnen des Glases entweichen.

7. Nach einer Woche ist dein Kimchi bereit zum Genießen! Bewahre es im Kühlschrank auf und verbrauche es innerhalb von zwei Monaten.

Eingelegte Rote-Bete

Zubereitungszeit: 30 Minuten + 7 Tage Einlegezeit
Portionen: 2 Gläser à 500 ml

Zutaten:

- 500 g Rote-Bete, gewaschen, geschält und in feine Scheiben geschnitten
- 500 ml Wasser
- 250 ml Weißweinessig
- 2 EL grobes Meersalz
- 2 EL Rohrohrzucker
- 1 TL schwarze Pfefferkörner
- 2 Lorbeerblätter
- 2 Knoblauchzehen, geschält und halbiert
- 1 frische Chilischote, entkernt und in feine Ringe geschnitten

Zubereitung:

1. Lege die Rote-Bete Scheiben in zwei sterilisierte Gläser. Verteile die halbierten Knoblauchzehen und die Chiliringe gleichmäßig in den Gläsern.

2. In einem mittelgroßen Topf das Wasser, den Weißweinessig, das Meersalz und den Rohrohrzucker vermischen. Die Mischung zum Kochen bringen und rühren, bis sich Salz und Zucker vollständig aufgelöst haben.

3. Füge die Pfefferkörner und die Lorbeerblätter in den Topf hinzu und lass die Mischung weitere 5 Minuten köcheln.

4. Gieße die heiße Flüssigkeit vorsichtig in die Gläser, bis die Rote-Bete Scheiben vollständig bedeckt sind. Achte darauf, dass auch Pfefferkörner und Lorbeerblätter gleichmäßig auf die Gläser verteilt sind.

5. Verschließe die Gläser fest und lass sie abkühlen. Stelle sie dann für mindestens 7 Tage an einen kühlen und dunklen Ort, damit die Rote-Bete gut durchziehen kann.

6. Nach der Einlegezeit ist die Rote-Bete bereit zum Verzehr. Sie kann direkt aus dem Glas gegessen oder in Salaten und anderen Gerichten verwendet werden. Genieße den knackigen Biss und den süß-sauren Geschmack.

Fermentierte Karotten

Zubereitungszeit: 30 Minuten + 7 Tage Fermentationszeit
Portionen: 1 Glas (etwa 500 ml)

Zutaten:

- 500 g Karotten, gewaschen und in dünne Stifte geschnitten
- 1 TL Meersalz, fein
- 1 Knoblauchzehe, geschält und leicht zerdrückt
- 1 Stück Ingwer (ca. 2 cm), geschält und in dünne Scheiben geschnitten
- 1 TL Fenchelsamen, leicht zerdrückt
- 500 ml Wasser, gefiltert

Zubereitung:

1. Nimm dir zuerst die Karotten und schneide sie in feine Stifte. Sie sollten nicht zu dick sein, damit die Fermentationsflüssigkeit gut eindringen kann.

2. Mische das Meersalz mit dem gefilterten Wasser in einer Schüssel, bis das Salz vollständig aufgelöst ist. Diese Salzlake wird den Fermentationsprozess in Gang setzen.

3. Gib nun die Karottenstifte, den Knoblauch, den Ingwer und die Fenchelsamen in ein sauberes Einmachglas. Drücke alles gut nach unten, damit möglichst wenig Luft zwischen den Zutaten bleibt.

4. Gieße die Salzlake in das Glas, bis alle Zutaten bedeckt sind. Es ist wichtig, dass wirklich alles unter Wasser steht, um Schimmelbildung zu vermeiden.

5. Verschließe das Glas und stelle es an einen warmen, dunklen Ort. Die Fermentation kann nun beginnen!

6. Kontrolliere das Glas täglich. Eventuell musst du ab und zu etwas Lake abgießen, da durch die Fermentation Gas entsteht.

7. Nach etwa einer Woche sind deine fermentierten Karotten fertig. Sie sollten jetzt einen angenehm säuerlichen Geschmack haben und sich gut zum Verfeinern von Salaten, Bowls oder Sandwiches eignen.

Eingelegter Knoblauch

Zubereitungszeit: 30 Minuten + 2 Wochen Fermentationszeit
Portionen: 1 Glas (ca. 500 ml)

Zutaten:

- 10 mittelgroße Knoblauchzehen, geschält und ganz gelassen
- 500 ml Wasser, gefiltert
- 2 TL Meersalz, fein gemahlen
- 1 TL Zucker, optional (für den Fermentationsprozess)
- 2 frische Lorbeerblätter
- 2 TL Senfkörner
- 1 TL schwarze Pfefferkörner
- 1 frische rote Chilischote, halbiert und entkernt

Zubereitung:

1. Bereite zunächst eine Salzlösung vor. Bring dazu das Wasser in einem kleinen Topf zum Kochen. Füge das Salz und den Zucker hinzu und rühre so lange, bis sich beides vollständig aufgelöst hat. Lass die Salzlösung abkühlen.

2. Während die Salzlösung abkühlt, kannst du die Knoblauchzehen schälen. Lass sie dabei ganz, um die Fermentation zu erleichtern und den Geschmack zu intensivieren.

3. Nun bereite das Einmachglas vor. Es sollte sauber und trocken sein. Lege zuerst die Lorbeerblätter, Senfkörner, Pfefferkörner und die halbierte Chilischote hinein. Danach folgen die Knoblauchzehen.

4. Sobald die Salzlösung abgekühlt ist, gieße sie vorsichtig in das Glas, bis alle Knoblauchzehen bedeckt sind. Achte darauf, dass die Knoblauchzehen vollständig unter der Salzlösung liegen, um Schimmelbildung zu verhindern.

5. Schließe das Glas gut und lass es an einem dunklen und kühlen Ort für etwa 2 Wochen stehen. Schüttle das Glas alle paar Tage vorsichtig, um die Fermentation zu fördern.

6. Nach 2 Wochen ist dein eingelegter Knoblauch bereit zum Genießen. Er hält sich im Kühlschrank mehrere Monate, solange die Knoblauchzehen immer vollständig von der Salzlösung bedeckt sind.

Gurken-Pickles

Zubereitungszeit: 15 Minuten + 1 Woche Fermentationszeit
Portionen: 1 Glas (ca. 500 ml)

Zutaten:

- 2 frische Gurken, gewaschen und in Scheiben geschnitten
- 2 Knoblauchzehen, geschält und zerdrückt
- 2 TL grobes Meersalz
- 1 TL schwarze Pfefferkörner
- 1 TL Senfsamen
- 500 ml Wasser, gefiltert
- Einige frische Dillzweige, gewaschen

Zubereitung:

1. Die Gurkenscheiben, Knoblauch, Pfefferkörner und Senfsamen in ein sauberes Glas geben. Dillzweige darauf verteilen.

2. Das Meersalz mit dem Wasser in einem Topf erhitzen, bis das Salz vollständig aufgelöst ist. Dies ist deine Lake.

3. Die Lake abkühlen lassen und dann über die Gurken und Gewürze im Glas gießen. Stelle sicher, dass alle Zutaten vollständig bedeckt sind.

4. Das Glas mit einem Deckel verschließen und an einem kühlen, dunklen Ort für etwa eine Woche stehen lassen. Während dieser Zeit findet die Fermentation statt.

5. Nach einer Woche öffne das Glas und probiere die Gurken. Wenn sie deinen Geschmack getroffen haben, kannst du sie im Kühlschrank aufbewahren und bei Bedarf verwenden. Wenn du möchtest, dass sie noch saurer sind, lasse sie ein paar Tage länger fermentieren.

Fermentierte Cashew-Creme

Zubereitungszeit: 20 Minuten + 24-48 Stunden Fermentationszeit
Portionen: Ergibt etwa 500 ml

Zutaten:

- 200 g Cashewkerne, roh und über Nacht eingeweicht
- 240 ml gefiltertes Wasser
- 1 EL probiotischer Joghurt (oder 1 probiotische Kapsel)
- 1 TL Meersalz
- 1 EL Bio-Zitronensaft, frisch gepresst

Zubereitung:

1. Nachdem du die Cashewkerne über Nacht eingeweicht hast, gieße das Einweichwasser ab und spüle die Kerne gut unter kaltem Wasser ab.

2. Gib die Cashewkerne zusammen mit dem gefilterten Wasser in einen Hochleistungsmixer und mixe alles zu einer glatten Masse.

3. Füge den probiotischen Joghurt oder die probiotische Kapsel hinzu. Falls du eine Kapsel verwendest, öffne diese und gib nur das Pulver in den Mixer. Mixe alles noch einmal gründlich durch.

4. Lege ein Sieb mit einem sauberen, dünnen Küchentuch aus und stelle es über eine Schüssel. Gieße die Cashewmasse in das mit dem Tuch ausgelegte Sieb.

5. Decke die Masse mit den überhängenden Enden des Tuchs ab und lasse sie bei Raumtemperatur 24 bis 48 Stunden fermentieren, bis sie einen leicht säuerlichen Geschmack hat.

6. Sobald die Fermentation abgeschlossen ist, gib die fermentierte Cashewmasse in eine Schüssel und füge das Meersalz und den Zitronensaft hinzu. Rühre alles gut durch.

7. Nun ist deine fermentierte Cashew-Creme fertig. Du kannst sie in einem luftdichten Behälter im Kühlschrank aufbewahren und als Brotaufstrich oder Dip verwenden.

Eingelegte Jalapeños

Zubereitungszeit: 30 Minuten + 2 Wochen Einlegezeit
Portionen: 2 Gläser (ca. 500 ml pro Glas)

Zutaten:

- 12 frische Jalapeños, gründlich gewaschen und in Ringe geschnitten
- 1 Liter Wasser
- 60 g Meersalz
- 2 Knoblauchzehen, geschält und halbiert
- 2 TL Kreuzkümmel, ganz
- 4 EL Rohrohrzucker
- 1 Handvoll frischer Koriander, grob gehackt

Zubereitung:

1. Gib zuerst das Wasser in einen Topf und bring es zum Kochen. Sobald es kocht, füge das Meersalz hinzu und rühre so lange, bis es sich vollständig aufgelöst hat. Nun hast du eine Sole hergestellt.

2. Lege in der Zwischenzeit die Jalapeños, Knoblauchzehen, Kreuzkümmel und Rohrohrzucker in die Gläser. Verteile die Zutaten gleichmäßig auf beide Gläser.

3. Gieße die heiße Sole über die Zutaten in den Gläsern, sodass alles komplett bedeckt ist. Es ist wichtig, dass die Jalapeños vollständig von der Sole bedeckt sind, um eine ordnungsgemäße Fermentation zu gewährleisten.

4. Lass die Gläser abkühlen, bevor du den frischen Koriander hinzufügst. Schraube dann die Deckel fest auf und stelle die Gläser an einen kühlen, dunklen Ort.

5. Lass die Jalapeños zwei Wochen lang fermentieren. Sie sind fertig, wenn sie ihre Farbe von grün zu olivgrün geändert haben und ein angenehmes Aroma entwickelt haben.

Fermentierter Ingwer

Zubereitungszeit: 20 Minuten + 2 Wochen Fermentationszeit
Portionen: 1 Glas (ca. 400 ml)

Zutaten:

- 200 g frischer Ingwer, geschält und in dünne Scheiben geschnitten
- 1 EL Meersalz, fein
- 400 ml Wasser, gefiltert
- 2 EL Ahornsirup, pur

Zubereitung:

1. Schäle zuerst den Ingwer sorgfältig und schneide ihn in feine Scheiben. Versuche sie so dünn wie möglich zu schneiden, da sie dadurch besser fermentieren.

2. Gib den geschnittenen Ingwer in ein sauberes Glas. Verteile das Meersalz gleichmäßig darüber und mische es gründlich durch.

3. Löse den Ahornsirup in dem gefilterten Wasser auf und gieße die Mischung über den Ingwer im Glas. Achte darauf, dass der Ingwer vollständig bedeckt ist.

4. Verschließe das Glas gut und lasse es bei Raumtemperatur stehen. In den nächsten Tagen sollte sich durch den Fermentationsprozess Bläschen bilden. Dies ist ein gutes Zeichen und bedeutet, dass die Fermentation funktioniert.

5. Nach etwa zwei Wochen ist der fermentierte Ingwer fertig. Du kannst ihn im Kühlschrank aufbewahren und nach Bedarf verwenden.

Zitronen-Ingwer-Kraut

Zubereitungszeit: 20 Minuten + 7 Tage Fermentationszeit
Portionen: Ca. 1 kg Kraut

Zutaten:
- 1 kg Weißkohl, fein geschnitten
- 2 Bio-Zitronen, Saft und Schale fein gerieben
- 1 Stück Ingwer (50 g), geschält und fein gerieben
- 2 TL Meersalz

Zubereitung:
1. Nimm eine große Schüssel und mische den fein geschnittenen Weißkohl, den Zitronensaft, die geriebene Zitronenschale und den geriebenen Ingwer darin.
2. Streue das Meersalz über die Kohlmischung und beginne, alles mit deinen Händen zu kneten. Durch das Kneten wird der Saft aus dem Kohl gezogen.
3. Mach das so lange, bis der Kohl weich wird und genug Saft freigibt, dass er vollständig bedeckt ist, wenn er in ein Glas gepresst wird. Das kann bis zu 10 Minuten dauern.
4. Fülle den Kohl und den freigegebenen Saft in ein großes, sauberes Einmachglas. Drücke den Kohl fest nach unten, sodass er vollständig vom Saft bedeckt ist.
5. Decke das Glas ab, aber nicht zu fest. Es sollte noch etwas Luft entweichen können.
6. Lass das Glas bei Raumtemperatur stehen. Nach etwa einer Woche solltest du ein köstliches Zitronen-Ingwer-Kraut haben. Die Fermentationszeit kann variieren, also schmecke jeden Tag ein kleines Stück, um zu sehen, wann es für dich perfekt ist.
7. Nach der Fermentation kannst du das Glas fest verschließen und im Kühlschrank aufbewahren.

Schlusswort

Liebe Leserin, lieber Leser,

jetzt sind wir am Ende angekommen. Ich möchte mich bedanken, dass du mir deine Zeit und Aufmerksamkeit geschenkt hast und hoffe, dass du das Wissen und die Tipps, die ich in diesem Buch geteilt habe, als wertvoll und hilfreich empfunden hast.

Bedenke stets, dass jede noch so kleine Veränderung zählt. Die Umstellung auf eine basische Ernährung ist kein Sprint, sondern ein Marathon – und jede noch so kleine positive Veränderung auf diesem Weg ist ein Sieg. Hab Geduld mit dir und feiere auch die kleinen Erfolge.

Ich hoffe, dass du das Gelernte nicht nur in die Tat umsetzt, sondern auch mit anderen teilst. Je mehr Menschen die Vorteile einer ausgewogenen, basenbildenden Ernährung erkennen, desto mehr können wir gemeinsam dazu beitragen, dass wir alle ein gesünderes Leben führen.

Zum Schluss möchte ich noch einmal betonen, dass Gesundheit ein individueller Prozess ist. Nicht jeder Tipp und jede Methode wird für jeden gleichermaßen funktionieren. Höre auf deinen Körper und folge dem, was sich für dich richtig anfühlt.

Ich danke dir für deine Zeit und dein Vertrauen und wünsche dir alles Gute auf deinem Weg zu einem gesünderen und ausgeglicheneren Leben.

Herzliche Grüße,

Deine Marie Neumann

Impressum